CONCORRÊNCIA E TRIBUTAÇÃO NO SETOR DE BEBIDAS FRIAS

MARCIA CARLA PEREIRA RIBEIRO
WEIMAR FREIRE DA ROCHA JR.
Coordenadores

Fernando Rodrigues de Bairros
Prefácio

CONCORRÊNCIA E TRIBUTAÇÃO NO SETOR DE BEBIDAS FRIAS

Belo Horizonte

2011

© 2011 Editora Fórum Ltda.

É proibida a reprodução total ou parcial desta obra, por qualquer meio eletrônico, inclusive por processos xerográficos, sem autorização expressa do Editor.

Conselho Editorial

Adilson Abreu Dallari
André Ramos Tavares
Carlos Ayres Britto
Carlos Mário da Silva Velloso
Carlos Pinto Coelho Motta (*in memoriam*)
Cármen Lúcia Antunes Rocha
Cesar Augusto Guimarães Pereira
Clovis Beznos
Cristiana Fortini
Dinorá Adelaide Musetti Grotti
Diogo de Figueiredo Moreira Neto
Egon Bockmann Moreira
Emerson Gabardo
Fabrício Motta
Fernando Rossi
Flávio Henrique Unes Pereira
Floriano de Azevedo Marques Neto

Gustavo Justino de Oliveira
Inês Virgínia Prado Soares
Jorge Ulisses Jacoby Fernandes
José Nilo de Castro
Juarez Freitas
Lúcia Valle Figueiredo (*in memoriam*)
Luciano Ferraz
Lúcio Delfino
Marcia Carla Pereira Ribeiro
Márcio Cammarosano
Maria Sylvia Zanella Di Pietro
Ney José de Freitas
Oswaldo Othon de Pontes Saraiva Filho
Paulo Modesto
Romeu Felipe Bacellar Filho
Sérgio Guerra

ef *Editora Fórum*

Luís Cláudio Rodrigues Ferreira
Presidente e Editor

Coordenação editorial: Olga M. A. Sousa
Revisão: Leonardo Eustáquio Siqueira Araújo
Bibliotecária: Lissandra Ruas Lima – CRB 2851 – 6ª Região
Projeto gráfico: Walter Santos
Diagramação: Karine Rocha
Capa, criação: @elodir <www.i9suaideia.com.br>
Foto: Alex Slobodkin
Direito de publicação: AFREBRAS

Av. Afonso Pena, 2770 – 15º/16º andares – Funcionários – CEP 30130-007
Belo Horizonte – Minas Gerais – Tel.: (31) 2121.4900 / 2121.4949
www.editoraforum.com.br – editoraforum@editoraforum.com.br

C744	Concorrência e tributação no setor de bebidas frias / Coordenadores: Marcia Carla Pereira Ribeiro, Weimar Freire da Rocha Jr.; prefácio de Fernando Rodrigues de Bairros. Belo Horizonte: Fórum, 2011.
	198 p. ISBN 978-85-7700-513-0
	1. Economia. 2. Comércio. 3. Engenharia de produção. I. Ribeiro, Marcia Carla Pereira. II. Rocha Jr., Weimar Freire da. III. Bairros, Fernando Rodrigues de.
	CDD: 330 CDU: 33

Informação bibliográfica deste livro, conforme a NBR 6023:2002 da Associação Brasileira de Normas Técnicas (ABNT):

RIBEIRO, Marcia Carla Pereira; ROCHA JR., Weimar Freire da (Coord.). *Concorrência e tributação no setor de bebidas frias*. Belo Horizonte: Fórum, 2011. 198 p. ISBN 978-85-7700-513-0.

Aos que acreditam num mercado mais justo e no poder transformador das instituições.

Para Arthur Bodini Freire da Rocha, que breve entenderá a importância de um mercado aberto e eficiente.

SUMÁRIO

PREFÁCIO
Fernando Rodrigues de Bairros... 11

APRESENTAÇÃO.. 13

CAPÍTULO 1
SETOR DE BEBIDAS FRIAS
Maurício Vaz Lobo Bittencourt, João Basílio Pereima Neto...................... 15
1.1   Introdução.. 15
1.2   Panorama mundial 16
1.3   A produção de bebidas frias no Brasil.. 19
1.3.1   Sistema produtivo de bebidas frias.. 21
1.3.1.1 Indústria de insumos e bens de capital 23
1.3.1.2 Sistema de processamento e embalagens....................................... 25
1.3.1.3 Sistema de distribuição 27
1.4   O consumo de bebidas no Brasil 30
1.5   Estrutura de mercado no Brasil 35
1.5.1   Paradigma Estrutura-Conduta-Desempenho (ECD)...................... 39
1.6   Considerações finais: a estrutura do livro..................................... 41
        Referências.. 42

CAPÍTULO 2
AMBIENTE INSTITUCIONAL NO SETOR DE BEBIDAS FRIAS
Weimar Freire da Rocha Jr., Carlos Alberto Gonçalves Junior.................. 45
2.1   Introdução.. 45
2.2   A nova economia institucional e seus conceitos............................ 47
2.2.1   Modelo das relações sistêmicas 48
2.2.2   Ambiente institucional.. 51
2.3   Órgãos de regulação econômica.. 55
2.4   O *lobby* 56
2.5   A "guerra das garrafas" 58
        Referências.. 60

CAPÍTULO 3
DISCIPLINA LEGAL DO SETOR DE BEBIDAS FRIAS – TRIBUTAÇÃO
James Marins, Carlos Eduardo Pereira Dutra, Maria Luiza Bello Deud........63
3.1   Introdução.. 63
3.1.1   A tributação das bebidas frias pelas contribuições
        PIS/PASEP e Cofins, IPI e ICMS 64

3.2	Regime geral de incidência	66
3.2.1	Fabricante de insumos	66
3.2.1.1	A importação dos produtos das posições constantes do *caput* do art. 58-A	68
3.2.1.2	Da produção/fabricação por encomenda	69
3.2.2	Da venda por atacadista ou varejista	70
3.2.3	Do fabricante de bebidas frias que adquire bens sujeitos a monofasia, notoriamente a preparação composta constante da posição 21.06.90.10 Ex 02 da TIPI (2ª etapa da cadeia de circulação)	71
3.2.4	Das demais etapas da cadeia de circulação	72
3.2.5	Resumo	72
3.3	Regime especial	74
3.3.1	Fabricante dos produtos classificados nas posições 22.01, 22.02 (exceto Ex 01 e Ex 02 do Código 22.02.90.00), 21.06.90.10 e 22.03 (1ª etapa da cadeia de circulação)	77
3.3.1.1	A importação dos produtos das posições constantes do *caput* do art. 58-A	79
3.3.1.2	Da produção/fabricação por encomenda	79
3.3.2	Da venda por atacadista ou varejista	79
3.3.3	Do fabricante de bebidas frias que adquire bens sujeitos a monofasia, notoriamente a preparação composta constante da posição 21.06.90.10 Ex 02 da TIPI (2ª etapa da cadeia de circulação)	80
3.3.4	Das demais etapas da cadeia de circulação	80
3.3.5	Resumo	80
3.4	Da obrigatoriedade dos medidores de vazão e o crédito presumido pela aquisição desses bens para o ativo imobilizado	82
3.5	Ressarcimento à Casa da Moeda (Taxa SICOBE)	83
3.6	Da tributação das embalagens	88
3.6.1	Fabricante das embalagens para envasamento das bebidas classificadas nas posições 22.01, 22.02 e 22.03 (1ª etapa da cadeia de circulação)	89
3.6.1.1	A importação das embalagens para envasamento das bebidas constantes das posições 22.01, 22.02 e 22.03 da TIPI	90
3.6.1.2	Da produção/fabricação por encomenda	90
3.6.2	Da venda por atacadista ou varejista	92
3.6.3	Do fabricante de bebidas frias que adquire embalagens para envasamento (2ª etapa da cadeia de circulação)	92
3.6.4	Das demais etapas da cadeia de circulação	93
3.6.5	Resumo	93
3.7	Da vedação ao ingresso no SIMPLES Nacional	94
	Referências	98

CAPÍTULO 4
ZONA FRANCA DE MANAUS: DESEQUILÍBRIO CONCORRENCIAL
NO SETOR DE BEBIDAS
Oksandro Osdival Gonçalves... 101
4.1 Introdução.. 101
4.1.1 Histórico do setor de refrigerantes no Brasil..................... 101
4.1.2 Século XX: a expansão.. 102
4.2 Histórico da Zona Franca de Manaus (ZFM)..................... 108
4.3 A isenção do IPI e seus reflexos sobre a concorrência no setor
de refrigerantes 110
4.3.1 A natureza jurídica da isenção.. 110
4.3.2 Os reflexos sobre o setor de refrigerantes: a interface tributação/
concorrência.. 111
4.3.3 O posicionamento do Supremo Tribunal Federal: antinomia........ 114
4.4 A tributação e sua influência na concorrência: reconhecimento
constitucional 116
4.5 A concessão de incentivos fiscais na ZFM: inobservância dos
objetivos fixados pelo legislador 121
4.6 Outros benefícios fiscais que desequilibram a concorrência
no setor de refrigerantes... 125
4.6.1 Da subsunção dos grandes *players* à legislação federal e
estadual que trata da ZFM para o ICMS: necessidade de
fiscalização ativa para inibição de práticas
anticompetitivas... 125
4.6.2 As contribuições do PIS/Cofins e sua influência sobre a
concorrência.. 128
Referências.. 131

CAPÍTULO 5
A CONCORRÊNCIA NO SETOR DE BEBIDAS FRIAS
**Marcia C. P. Ribeiro, Renata C. Kobus, Oksandro O. Gonçalves,
João L. Vieira**... 133
5.1 Introdução.. 133
5.2 Importância das empresas para o desenvolvimento regional
e a questão do poder de mercado... 135
5.3 A Ordem Econômica e a proteção da concorrência............. 138
5.3.1 A repressão ao abuso do poder econômico 139
5.3.2 A importância dos pontos de venda para o mercado de
bebidas frias.. 142
5.3.3 A fidelização dos pontos de venda.. 144
5.4 O poder de mercado no setor de bebidas.............................. 146
5.4.1 O mercado de água envasada 151
5.4.2 O mercado de cervejas 152
5.4.3 O mercado de refrigerantes.. 158
5.5 O mercado relevante de refrigerantes e suas dimensões.............. 163

5.5.1	A dimensão material	165
5.5.2	A dimensão geográfica	167
5.6	A teoria dos jogos aplicada ao processo de fidelização	170
5.6.1	A fidelização como melhor estratégia	170
5.7	Cooperação e compromisso sob a ótica da fidelização do PDV	173
5.8	Análise do direito comparado	174
5.8.1	A legislação norte-americana	175
5.8.2	O caso da Comissão Europeia	177
5.8.3	O Caso da Argentina	180
5.8.4	O mercado de bebidas frias na Bolívia	180
5.8.5	O caso do México	180
	Referências	181

CAPÍTULO 6
CONTRIBUIÇÕES PARA UM NOVO SETOR DE BEBIDAS FRIAS
Marcia C. P. Ribeiro, Maurício V. L. Bittencourt, James Marins, Oksandro O. Gonçalves ... 185

6.1	Uma agenda de desenvolvimento das pequenas e médias fabricantes	185
6.2	Desenvolvimento regional e empresas	190
6.3	Justiça Tributária	191
6.4	Intervenção na economia: forçando a colaboração	194

SOBRE OS AUTORES ... 197

PREFÁCIO

A história do setor de refrigerantes no Brasil, que se inicia com a primeira instalação fabril em 1904 e se desenvolve hoje com cerca de 238 empresas regionais, possui muitos capítulos que devem ser conhecidos e explorados tanto pelos empresários como pela sociedade. O mesmo empreendedor do início do século passado que transpôs todas as dificuldades para montar e manter seu negócio é, no cenário econômico atual, um sobrevivente.

Inovador na criação de sabores regionais, o fabricante de bebidas brasileiro é, também, um herói na arte de sustentar seu negócio em um setor marcado por ações predatórias da concorrência em razão das grandes corporações e da alta carga tributária.

As dificuldades que foram se impondo para as empresas familiares de bebidas fez com que surgisse entre os empresários um espírito de união, uma necessidade de associar-se junto a seus pares. Esse espírito de coletividade transformou as diversas empresas regionais em uma única classe, focada nas lutas por um mercado mais justo para todo o setor.

Tem-se, agora, um momento crucial para o contínuo desenvolvimento e progresso do setor de bebidas brasileiro. Iniciativas que abarcam as pequenas empresas são evidências da preocupação da sociedade com a livre concorrência, com o poder de escolha do consumidor e com o crescimento de uma economia baseada nos trabalhadores e empresários do próprio país.

A percepção da importância das empresas brasileiras para o desenvolvimento da economia também se reflete nas conquistas que os fabricantes de bebidas regionais, unidos, têm acumulado ao longo de mais de seis anos de lutas.

No entanto, as conquistas, fruto do trabalho árduo dessas pequenas empresas associadas, ainda não são suficientes para que o futuro dos empresários do setor de bebidas esteja garantido. Com o constante temor do monopólio, da concorrência predatória e dos tributos desproporcionais, há ainda muitos desafios a serem vencidos.

Aliada ao conhecimento histórico dessas lutas e dificuldades apresenta-se, agora, uma obra que dará o primeiro passo em direção a um novo rumo para o setor. Organizada em artigos que abordam desde como o setor de bebidas é estruturado até os problemas enfrentados pelos fabricantes, o objetivo é levantar as informações e os acontecimentos do setor de bebidas em nosso país ao longo do tempo.

A informação é a melhor arma que se pode usar para conquistar a vitória e é a partir dela que é possível demonstrar a toda a sociedade — autoridades, consumidores e empresários — as dificuldades que emperram o progresso deste ramo industrial.

Este livro traz a oportunidade de qualquer cidadão conhecer e tornar-se apto a discutir a atual estrutura econômica da indústria de bebidas. É um panorama abrangente, que tem a competência de orientar outros tantos setores sobre os erros cometidos e os resultados, tendo em vista, sempre, a possibilidade de solução.

Guarapuava, 19 de agosto de 2011.

Fernando Rodrigues de Bairros
Presidente da Associação dos Fabricantes de Refrigerantes do Brasil (AFREBRAS).

APRESENTAÇÃO

Este livro é o resultado das pesquisas realizadas por professores, profissionais e pesquisadores da área do Direito e da Economia. Envolve professores da Universidade Federal do Paraná (UFPR), da Pontifícia Universidade Católica do Paraná (PUCPR) e da Universidade do Oeste do Paraná (UNIOESTE). Os autores acreditam que a conjunção do pensamento econômico e jurídico resultará em textos efetivos e com grande potencial de aplicabilidade.

Nossa proposta, para além do levantamento de dados e fundamentação doutrinária e legal, foi apresentar uma obra que diagnostica e apresenta propostas para o Setor de Bebidas Frias.

Por fim, assim como a junção do conhecimento de várias áreas é o caminho para o aperfeiçoamento da ciência, a academia, por meio do Programa de Pós-Graduação em Direito da PUCPR e da UFPR, do Programa de Pós-Graduação em Desenvolvimento Econômico da UFPR e o Programa de Pós-Graduação em Desenvolvimento e Agronegócio da UNIOESTE (*Campus* Toledo), mostra toda a sua potencialidade de ação a serviço do desenvolvimento econômico e social do nosso País.

Os Coordenadores

CAPÍTULO 1

SETOR DE BEBIDAS FRIAS

MAURÍCIO VAZ LOBO BITTENCOURT
JOÃO BASÍLIO PEREIMA NETO

1.1 Introdução

Este capítulo apresenta uma descrição e análise econômica do setor de bebidas frias, incluindo um breve comparativo de consumo *per capita* mundial, e variáveis da indústria no Brasil que cobrem a dimensão da oferta, da estrutura de mercado e hábitos de consumo de bebidas. Como poderá ser observado, o setor cervejeiro, por exemplo, apresenta um alto grau de concentração industrial, cujo índice CR4 (*market share* das quatro maiores companhias) aumentou de 16,0 para 46,8.

Tal concentração contribui para que o setor de bebidas apresente fortes distorções dentro da cadeia produtiva, as quais acabam se refletindo na produção, distribuição e consumo de bebidas frias em todo território nacional, com importantes implicações econômico-financeiras para as empresas do setor, principalmente aquelas de menor poder de mercado.

No que se refere aos hábitos de consumo, o estudo, baseado na Pesquisa de Orçamento Familiar de 2002/2003 e 2008/2009, mostra o peso das bebidas no orçamento das famílias e mudanças ocorridas entre os dois períodos. De 2002 a 2009 a sociedade brasileira viveu um ciclo de crescimento econômico com distribuição de renda, gerando efeitos significativos sobre as decisões de consumo e poupança das famílias em termos agregados. Do total das despesas com bebidas em 2008/2009, as três maiores categorias de bebidas — lácteas, fermentadas (em sua maioria cervejas) e refrigerantes — representaram respectivamente 33,1%, 20,4% e 20,1%. Estes três itens representam 73,6% do consumo de bebidas. Ainda de acordo com a POF 2008-2009 a despesa com bebidas de todos os tipos representou 2,59% do orçamento total de despesas de uma família com um consumo anual *per capita* de R$208,25 (ver TAB. 5).

Este capítulo se destina a analisar especificamente os setores de cervejas e refrigerantes, ainda que as empresas de refrigerantes, na maioria das vezes, sejam responsáveis pela produção de outras bebidas não alcoólicas (por exemplo, energéticos, sucos e chás prontos para o consumo, e isotônicos).

1.2 Panorama mundial

De acordo com a TAB. 1, nota-se que os Estados Unidos e o México são os principais produtores e consumidores de refrigerantes. O Brasil é o terceiro maior produtor sendo que no consumo fica atrás de países como República Tcheca, Austrália, Espanha, Reino Unido e Argentina.

TABELA 1

Produção e consumo *per capita* de refrigerantes
no âmbito mundial – 2006

Regiões / Anos	Produção (em bilhões litros)	Consumo *per capita* (em litros por hab.)
Estados Unidos	59,0	198,0
México	15,5	147,0
Brasil	12,2	67,4
Alemanha	6,7	81,1
Rússia	5,7	94,5

Fonte: The World Bank Group, ABIR, UNESDA-CISDA.

A FIG. 1 ilustra os principais produtores mundiais de cerveja (em milhões de litros) para o ano de 2008, na qual o Brasil aparece como quarto maior produtor mundial, atrás de países como China, Estados

Unidos e Rússia. Estes cinco maiores produtores responderam por, aproximadamente, 53% da produção mundial de cerveja em 2008.

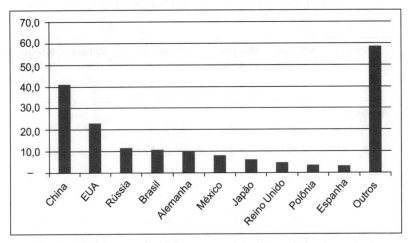

FIGURA 1 – Produção mundial de cerveja, em milhões de litros, em 2008
Fonte: Barth-Haas Group. Extraído de Stefenon (2011).

O aparecimento da China como maior fabricante é um acontecimento que vem mudando a estrutura produtiva do mercado de cervejas no mundo, com reflexos locais, principalmente em termos de concentração de mercado. A penetração da China em novos mercados acirra a competição entre os grandes fabricantes e desencadeia um movimento de aquisição e fusão como estratégia de sobrevivência e expansão. Como acontece em muitos outros setores da economia, a China adota políticas de investimentos em expansão produtiva e estimulando exportações, e como não poderia ser diferente no caso da fabricação e venda de cervejas, vem aumentando sua participação no mercado em anos recentes. Isto é ilustrado na FIG. 2 e na TAB. 2, a seguir, nas quais é evidente a mudança na estrutura de mercado do setor nos últimos anos, com a entrada de empresas chinesas neste mercado.

TABELA 2
Comparativo da participação no mercado das principais empresas produtoras mundiais de cervejas

| | 1988 | | | 2009 | |
Empresa	MShare Total (%)	MShare Relativo (%)	Empresa	MShare Total (%)	MShare Relativo (%)
Anheuser-Busch	7,00	25,9	AB InBev	19,80	31,4
Miller	4,00	14,8	Heineken+Femsa	11,00	17,4
Heineken	3,00	11,1	SABMiller	9,60	15,2
Kirin	2,00	7,4	Carlsberg	6,40	10,1
Bond	2,00	7,4	China Resources	4,60	7,3
Stroh	2,00	7,4	Tsingtao	3,30	5,2
Elders	2,00	7,4	MolsonCoors	2,90	4,6
Kronenbourg	2,00	7,4	Modelo	2,90	4,6
Coors	2,00	7,4	Yanjing	2,60	4,1
Brahma	1,00	3,7	-	-	-
Total	27,00	100,00	Total	63,10	100,00
CR4	16,00	-	CR4	46,80	-

Fonte: George (2010). Extraído de Stefenon (2011).

Enquanto em 1988 não havia nenhuma empresa chinesa dentre as 10 maiores fabricantes de cervejas, o ano de 2009 já contava com três empresas chinesas dentre as nove maiores fabricantes mundiais. As recentes modificações na estrutura do mercado cervejeiro mundialmente vêm ocorrendo com aquisições e fusões de grandes grupos produtores, cuja consequência é uma grande elevação no grau de concentração do mercado. Tal mudança na estrutura competitiva do mercado de cervejas pode ser constatada observando-se o índice de concentração de mercado dos quatro maiores produtores mundiais (índice CR4) na TAB. 2, cuja participação dos quatro maiores produtores mundiais passou de 16% em 1988, para 47% em 2009. O fenômeno indica a existência de estratégias organizacionais de grandes fabricantes extremamente agressivas, no sentido de aumentar sua participação nos mercados.

Esta concentração envolve práticas de aquisição de pequenos e médios fabricantes e, por vezes, operações de fusão e aquisição entre grandes fabricantes, que tornam a sobrevivência neste mercado de pequenos e médios fabricantes bastante difícil. Não são raras as situações em que pequenos e médios fabricantes, que geralmente atendem a uma pequena região, se deparam com dificuldades de mercado criadas por grandes fabricantes devido ao seu poder de mercado como, por exemplo, propaganda intensiva, promoções, etc., as quais tornam extremamente difícil a sobrevivência de pequenas e médias marcas, cujo destino se encaminha para a venda do negócio.

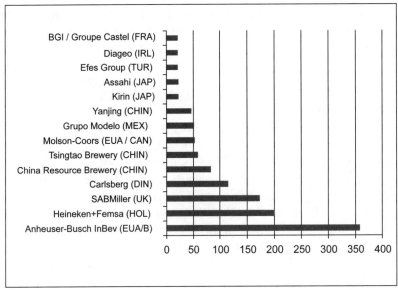

FIGURA 2 – Principais empresas produtoras mundiais de cervejas, em milhões de litros, em 2009
Fonte: Brewing and Beverage Industry International (2010). Extraído de Stefenon (2011).

1.3 A produção de bebidas frias no Brasil

O setor de bebidas frias brasileiro é composto por vários produtos, tais como refrigerantes, águas (engarrafada, de galão, de guaraná, de coco), chás e sucos prontos para beber, isotônicos, energéticos e cervejas. Devido à maior importância da produção de cerveja e refrigerantes no conjunto de todo o setor de bebidas frias, justifica-se a maior ênfase da discussão nos mesmos, apesar da breve descrição sobre a produção de água do setor em nível nacional.

A produção de água no Brasil se dá de duas formas: água engarrafada e água de galão. Segundo informações da Associação Brasileira das Indústrias de Refrigerantes e Bebidas Não Alcoólicas (ABIR), a primeira representa cerca de 40% do total produzido pelo setor, e o segundo cerca de 60% deste total. Adicionalmente, este tem sido um setor que vem crescendo bastante no Brasil, principalmente devido a mudanças nos hábitos dos consumidores e no aumento relativo de renda após a estabilização econômica com a implementação do Plano Real, ocasionando uma maior "popularização" do consumo de água engarrafada e de galão entre as diferentes classes de renda.

Diferentemente do que acontece na produção de cerveja e refrigerantes, a produção de água no Brasil é relativamente pulverizada em um grande número de produtores locais, com preços baixos e margens de lucros baixos, mas com contínua expansão da produção das maiores empresas produtoras, as quais buscam estratégias de fidelização. Os altos custos de distribuição acabam sendo as principais barreiras à entrada, levando à criação de redes de distribuição local e de grandes operações de logística.

No caso dos refrigerantes, estas são bebidas industrializadas, não alcoólicas, carbonatadas com adição de aromas, os quais são encontrados nos sabores cola, guaraná, laranja, uva, entre outros.

O setor de refrigerantes brasileiro, no ano de 2000, era composto por cerca de 850 fábricas, em sua maioria de portes pequeno e médio, por três grandes Coca-Cola, AMBEV e Schincariol. De acordo com a Associação dos Fabricantes de Refrigerantes do Brasil (AFREBRAS), atualmente esse mercado está reduzido a 238 fábricas em atividade.

Segundo os dados da Relação Anual de Informações Sociais (RAIS) (2011), o setor de fabricação de bebidas não alcoólicas, em 2009, empregou diretamente 70.676 funcionários em 492 municípios do Brasil.

As pequenas e médias empresas, consideradas empresas regionais, em grande parte são empresas centenárias, que estão mais próximas da comunidade e contribuem com o desenvolvimento local. Juntas, as empresas regionais são responsáveis por mais de 21.000 empregos diretos em todo o Brasil.

As grandes corporações são compostas pelas empresas do sistema Coca-Cola, incluindo a sua empresa de concentrado Recofarma Indústria do Amazonas Ltda. e suas franqueadas no Brasil, e pela AMBEV, com suas empresas de concentrados Pepsi-Cola Industrial da Amazônica e Arosuco Aromas e Sucos. Além da AMBEV e da Coca-Cola, o grupo Schincariol também pode ser considerado uma grande corporação, pois possui características semelhantes às demais.

A Coca-Cola é representada pelas marcas Coca-Cola, Fanta, Kuat, Schweppes, Mate Leão, entre outras. Já a AMBEV, embora atue de forma mais abrangente no setor cervejeiro, detém as marcas Pepsi-Cola, Antarctica, Gatorade, etc.

As cervejas possuem diferentes classificações de acordo com o teor alcoólico, extrato primitivo, proporção de malte de cevada, cor, ou pelo tipo de fermentação. Por exemplo, quanto ao tipo de fermentação, temos que as cervejas de alta fermentação (temperatura entre 20°C e 25°C) são classificadas em Ale, Wheatbeer, Porter e Stout. Já as cervejas de baixa fermentação (temperatura entre 9°C e 14°C) são classificadas em Pilsen e Lager.

1.3.1 Sistema produtivo de bebidas frias

A produção cervejeira no Brasil ocorre de forma complexa, envolvendo vários agentes com grande diversidade de impactos dos resultados da cadeia produtiva em diversos setores da economia.

Como não poderia ser diferente, devido às características dos principais insumos utilizados na produção cervejeira (açúcar, cevada, trigo, milho, soja, centeio, entre outros), os produtores agrícolas são os principais fornecedores de matérias-primas nesta indústria, além dos fornecedores de embalagens (alumínio, vidro, PET).

Na FIG. 3 pode-se ilustrar a complexidade da cadeia produtiva da cerveja no Brasil que, por um lado, conta com inúmeros fornecedores de matérias-primas, utilizadas na produção da cerveja. Por outro lado, conta com uma rede complexa de distribuição para atender aos consumidores. Adicionalmente, boa infraestrutura, boas estradas, mão de obra qualificada e energia também são fundamentais.

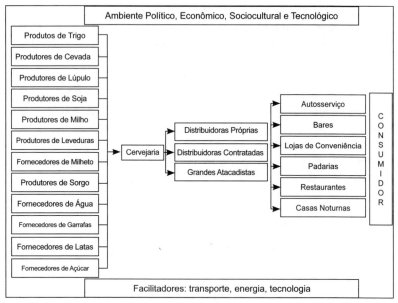

FIGURA 3 – Cadeia produtiva da cerveja no Brasil
Fonte: Scorzafave (2008).

Focando-se no setor produtivo de refrigerantes, constata-se que o mesmo é um importante gerador de empregos e é o carro-chefe de uma cadeia que envolve inúmeros fornecedores e distribuidores, assim como fábricas e marcas.

Na FIG. 4 tem-se a representação dos agentes envolvidos na cadeia produtiva dos refrigerantes, na qual se observa a diversidade de agentes e o impacto dos resultados da cadeia em diversos setores da economia. Além dos fornecedores de matérias-primas, os distribuidores podem ser considerados como importantes agentes envolvidos nesta cadeia produtiva.

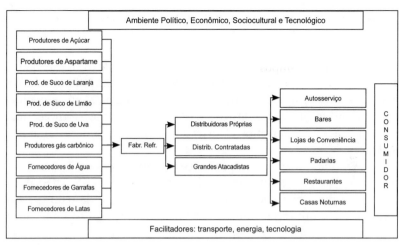

FIGURA 4 – Cadeia produtiva do refrigerante no Brasil
Fonte: Scorzafave (2008).

1.3.1.1 Indústria de insumos e bens de capital

A fabricação de refrigerantes envolve a utilização dos seguintes produtos como insumos de produção: açúcar, água, sucos de frutas, ácido cítrico, extrato de guaraná, acidulantes, concentrado de frutas, xarope, composto de extratos vegetais, corantes, entre outros.

Adicionalmente, a fabricação de refrigerantes requer o uso de gás carbônico e de máquinas e equipamentos específicos, além do uso de embalagens especiais, principalmente a utilização de garrafas PET (Polietileno de Tereftalato).

De acordo com a Associação Brasileira das Indústrias de Refrigerantes e Bebidas Não Alcoólicas (ABIR), o volume de capital imobilizado pela indústria de refrigerantes é estimado em US$700 milhões em terrenos, móveis, edificações, instalações, e ferramentas; US$900 milhões em máquinas e equipamentos; e US$800 milhões em veículos, informática, imobilizações, e outras.

A água é o principal insumo utilizado, sendo tão importante que a disponibilidade da mesma próxima às fábricas de refrigerantes acaba sendo determinante na localização das instalações das plantas industriais do setor. Com o passar do tempo, tem sido crescente a preocupação do setor com o uso e o desperdício da água no processo produtivo. Recentemente tem-se conseguido a redução da quantidade de água utilizada na produção de um litro de refrigerante, a qual já foi próxima de três litros de água e atualmente esta quantidade está abaixo de 2 litros. Além disso, tem havido uma grande preocupação com a questão ambiental no uso da água, o que tem levado as empresas do setor a investirem no tratamento de água e efluentes.

Conforme Campos e Oliveira (2004), as fabricantes de refrigerantes apresentam vários fornecedores que competem ente si no fornecimento de matérias-primas para a indústria. Dentre estas empresas, algumas que são as principais fornecedoras de açúcar, de suco de laranja, e fornecedoras de máquinas e equipamentos, além de uma única fornecedora de tampas metálicas.

A forma com que as empresas (sejam produtoras de refrigerantes ou cervejas) adotam novas tecnologias e inovam pode variar a depender do setor industrial devido às especificidades deste e da natureza do conhecimento utilizado. Parece evidente a presença do seguinte ciclo: quanto maiores são as empresas no setor de bebidas frias, maiores são as possibilidades de aquisição de máquinas e equipamentos mais modernos e inovativos, os quais propiciam maiores possibilidades de ganhos de produtividade para o setor, resultando em maiores níveis de produção a menores custos, o que lhes permite investir em mais tecnologia, e o ciclo se repete.

O problema é que as fornecedoras de máquinas e equipamentos é que trazem importantes inovações no setor de bebidas frias, sendo que estas inovações não se disseminam de forma uniforme e constante entre as empresas da indústria. Ou seja, para empresas pequenas, com excessiva carga tributária, e baixa lucratividade, as dificuldades nas aquisições de máquinas e equipamentos são bastante limitantes, tendo em vista o ciclo descrito no parágrafo anterior, em uma indústria na qual grande parte das inovações é incorporada nos processos produtivos exatamente através da modernização das máquinas e equipamentos utilizados. Consequentemente, problemas de concentração, concorrência, carga tributária elevada, economias de escala, tamanho e localização dos fabricantes, estratégias de mercado, entre outros fatores, desempenham papel importante nesta discussão, os quais serão abordados em capítulos subsequentes.

A cevada é o mais importante insumo utilizado na produção de cervejas no Brasil, sendo que outros cereais também são utilizados, tais como trigo, arroz, milho, aveia e centeio. Justifica-se o uso de outros cereais pelo fato de o Brasil não produzir cevada em quantidade suficiente para consumo interno, nem tampouco para a produção de cervejas em grande escala. A água também é importante insumo na produção de cervejas, sendo que para se produzir um litro de cerveja utiliza-se cerca de 4 litros de água, em média.

1.3.1.2 Sistema de processamento e embalagens

Na produção de cervejas, pouco é feito de inovação pelas empresas multinacionais no país, conforme Scorzafave (2008). Segundo este autor, as empresas nacionais fazem variações do produto de acordo com a demanda, seguindo os lançamentos das grandes empresas. As variações mais comuns ocorrem nas misturas de sabores, mas a Pilsen, responsável pela maior fatia de faturamento no setor, sofre poucas variações em sabor.

Na verdade, as principais inovações no processamento acontecem nos fornecedores, maiores fontes de inovação tecnológica, principalmente com respeito às embalagens, seja na produção de cervejas ou de refrigerantes. A constante busca por formato, tamanho, material ideal e econômico, afeta o processo produtivo. A ideia da embalagem, em geral, acaba sendo definida pela empresa fabricante de cerveja ou refrigerante, a qual a repassa para os fornecedores de embalagens, os quais demandam os equipamentos para que o produto seja produzido.

Ou seja, as modificações nas embalagens fazem com que haja mudanças nas linhas de produção e processamento das bebidas, além da própria concepção de fabricação, que exige maior flexibilidade das fábricas já instaladas para atender às demandas por diversos produtos e suas diversas embalagens.

Como já mencionado, o processo de produção dos refrigerantes utiliza como principais matérias-primas o concentrado (de cola, guaraná, ente outros), a água, o açúcar, e o gás carbônico. No caso da água, esta passa por um tratamento de modo a atender certas condições de pureza, com a eliminação de sais minerais e impurezas. Após este processo, a água é misturada ao açúcar (ou aos edulcorantes no caso dos refrigerantes *diet*), formando um xarope, o qual também é filtrado a quente e resfriado, para receber o concentrado e os sabores. Finalmente, o gás carbônico é adicionado para produzir a carbonatação e, logo em seguida, a mistura é engarrafada.

Com respeito às embalagens utilizadas no setor de refrigerantes, as embalagens PET são as mais utilizadas, com cerca de 78% do total, 11% com o uso de vidro, sendo que o uso de metal (lata) é de 10%, e o restante, 1%, com o uso de papel cartão.

O advento das embalagens PET deu uma nova dinâmica ao setor, pois, no caso das pequenas empresas regionais, as embalagens PET lhes possibilitaram disponibilizar maior quantidade de produto de forma mais rápida, segura e a menores preços para a população, além de ter propiciado um maior acesso a investimentos e tecnologia com a produção de bebidas mais baratas e de boa qualidade.

Na TAB. 3 tem-se a evolução no uso de alguns materiais utilizados como embalagens no período de 2004 a 2008. Apesar da maior parte das embalagens utilizadas serem do tipo PET, verifica-se que a utilização de vidro e metal (lata) cresceu mais em termos relativos durante este período. A preocupação com a reciclagem destes materiais utilizados como embalagens tem sido uma prática constante entre os fabricantes, o que tem ocasionado aumentos nos investimentos para este fim.

Conseguintemente, os índices de reciclagens têm sido incrementados anualmente, tais como: 55,8% (embalagem plástica), vidro (50%), alumínio (90%), e aço (82%), proporcionando a criação de aproximadamente 300 mil empregos relacionados ao processo de reaproveitamento das embalagens.

TABELA 3

Evolução do uso de material de embalagem para refrigerantes, período de 2004-08, em milhões de litros

Embalagem	2004	2005	2006	2007	2008	Variação período (%)
Todas	12.713,89	12.940,20	13.574,27	14.320,85	14.887,99	17,1
Papel Cartão	138,86	138,77	142,13	151,79	165,83	19,4
Vidro	1.134,75	1.207,79	1.323,36	1.527,93	1.604,72	41.4
Metal	1.099,79	1.118,46	1.241,98	1.338,66	1.447,01	31,5
PET	10.340,49	10.475,18	10.866,80	11.302,48	11.670,43	12,8

Fonte: ABIR, 2011.

É importante salientar a alta concentração no fornecimento das embalagens em lata no Brasil, a qual é distribuída por apenas três fornecedores (grandes grupos empresariais), sendo que é produzida por um grande monopólio. A principal consequência disso está na impossibilidade de acesso dos pequenos fabricantes regionais de bebidas frias a este importante tipo de embalagem, limitando negativamente as possibilidades produtivas destas empresas, o que contribui substancialmente para aumentar ainda mais a concentração desse mercado já bastante concentrado e desigual.

1.3.1.3 Sistema de distribuição

Devido ao fato de existir um grande número de pontos de venda que trabalham com baixos estoques, a distribuição rápida e eficiente acaba sendo um importante fator neste mercado. É comum entre os distribuidores a política de entrega de pedidos em 24 horas, por exemplo, nos grandes centros urbanos. Neste sentido, a localização das unidades envasadoras e distribuidoras é de vital importância para os mercados regionais. De modo geral os refrigerantes e cervejas são distribuídos via transporte rodoviário, principalmente por meio do uso de caminhões, que acabam servindo de importantes instrumentos de *marketing* e de divulgação dos produtos através de pinturas e caracterização dos caminhões com as cores e logotipos das marcas dos produtos.

As vendas destes produtos ocorrem por intermédio de uma extensa rede de estabelecimentos atacadistas e varejistas, além de milhares de vendedores ambulantes que estão inseridos no mercado informal de trabalho. No caso dos refrigerantes e cervejas, os principais canais de vendas são os estabelecimentos de varejo, tais como supermercados (principal canal de venda), restaurantes, lojas de conveniência, hipermercados, mercearias, bares, postos de combustível, *shopping centers* e máquinas automáticas.

Os consumidores acessam as bebidas principalmente por meio de três canais de consumo: consumo no local, tradicional e autosserviço. O canal de consumo no local envolve os pontos de vendas em que o consumidor, como o próprio nome sugere, ingere a bebida no próprio local de aquisição, como acontece em bares, lanchonetes e restaurantes. O canal tradicional se caracteriza pelos pontos de venda em que o consumidor compra as bebidas com o auxílio de um vendedor, como acontece em padarias e mercearias, que são pontos de vendas de pequeno porte. O canal de autosserviço refere-se aos pontos de vendas com número elevado de caixas ("*check-outs*"), onde o consumidor serve-se das bebidas sem auxílio de vendedores, como acontecem em supermercados.

As distintas características dos pontos de venda implicam em logística de venda e distribuição para operar cada canal. Os canais de consumo local e tradicional são pontos de vendas de pequenas quantidades *per capita*, no entanto estes pontos existem em grandes quantidades, aos milhares nos grandes centros, exigindo uma estratégia de venda e entrega que envolve a mobilização de uma equipe grande de vendedores e equipamentos de entrega. Estes pontos de vendas operam com estoques baixos, o que exige visitas frequentes, bem como um conjunto de equipamentos (veículos principalmente) grande para manter os pontos abastecidos.

Se o consumo se faz em pequenas quantidades em cada ponto de venda local e tradicional, no agregado estes canais são importantes, pois as quantidades de pontos de vendas contam-se na casa dos milhares. O canal de autosserviço possui características distintas e envolve um número pequeno de pontos de vendas, os quais concentram um número muito grande de consumidores que circulam em suas instalações. Como os pontos de vendas de autosserviço são controlados por grandes redes de supermercado, que operam em escala nacional e algumas regionais, normalmente as negociações de venda envolvem contratos de fornecimento em grande escala, negociados de forma concentrada por um comprador corporativo, com previsões de entrega descentralizada ou concentrada nos centros de distribuição (CD) das grandes redes. Estes contratos de fornecimento são contratos complexos que incluem inúmeras cláusulas prevendo quotas, bonificações, prêmios, verbas publicitárias, descontos financeiros, recompensas por ultrapassar metas de vendas, entre outras. Os pequenos produtores têm muitas dificuldades para penetrar nas grandes redes em parte devido à escala das operações e em parte devido às exigências impostas pelos acordos comerciais. Aos pequenos produtores resta operar nos canais de autosserviço e tradicional, exatamente os canais mais custosos, devido à sua desconcentração geográfica.

A operação dos canais de distribuição, especialmente os canais de autosserviço, é uma parte visível de uma estrutura de mercado que favorece apenas operações entre grandes companhias: grandes fabricantes que abastecem grandes redes de supermercados. Se por um lado as grandes redes de supermercados proporcionam a oportunidade de uma oferta mais diversificada de produtos para o consumidor, tendo inclusive acesso a importações de produtos, muitas vezes esta oferta diversificada acaba sendo obstruída pelas práticas comerciais adotadas entre os grandes fabricantes e grandes redes distribuidoras. A diversificação de produtos nos canais de autosserviço é uma questão que envolve certa sutileza, pois o número de marcas diferentes é muito grande numa loja de supermercado, comparado a uma panificadora ou restaurante. No entanto, a penetração nas grandes redes de marcas regionais, de fabricantes de pequeno e médio porte, é muito pequena. Olhando-se à distância, ou no agregado, a variedade de marcas e sabores acaba sendo maior quando considerado o total de canais de consumo local e tradicional quando comparado ao canal de autosserviço, devido à penetração das marcas regionais ou pequenas apenas, ou privilegiadamente, nestes canais descentralizados.

O relacionamento das distribuidoras com os compradores também está diretamente correlacionado à especificidade do produto dentro do processo industrial do comprador e com as estratégias de concorrência deste. Quando não há especificidade funcional do produto e existe a possibilidade de substituição perfeita entre produtos gerados por concorrentes dentro da cadeia, ou produtos gerados em outras cadeias (outros tipos de bebidas, por exemplo), as relações são via mercado porque a concorrência é estabelecida por meio do diferencial de preço. Caso contrário, observam-se relações que, apesar de informais, são estabelecidas com base na confiança mútua e na venda.

No caso das bebidas que são prioritariamente comercializadas nos super e hipermercados, a estratégia concorrencial predominante, sustentada na regularidade do fluxo de produto e na redução de estoques, faz com que as relações entre distribuidores e compradores sejam estabelecidas dentro de parâmetros que conduzam a estratégias de cooperação. No entanto, isso não se dá, de um modo geral, sem maiores conflitos. A tentativa de aumentar as margens praticadas e de repassar as quedas de preços aos distribuidores tem imposto a esses fortes desafios no sentido de baixar custos, uma vez que, frente ao poder de grandes grupos varejistas, existem poucas saídas, sobretudo de atuação isolada.

As estratégias implementadas pelas empresas dos segmentos de processamento e distribuição fazem com que os empresários empenhem-se em introduzir inovações tecnológicas e/ou organizacionais objetivando modificar seu ambiente competitivo, determinando uma vantagem de empresa inovadora, ainda que temporária porque será fatalmente seguida por outras.

Em relação aos produtos destinados aos consumidores finais, a nova configuração do mercado varejista vem ditando as tendências que se estabelecem nas cadeias produtivas, em geral. A mudança nos hábitos de consumo, comandada pelo incremento da demanda por produtos semiprontos, congelados e de fácil preparo, ou seja, a emergência dos alimentos de conveniência completa o cenário das mudanças que vêm ocorrendo na indústria de alimentos no Brasil. Dentro deste contexto, ocorrem os ajustes nos segmentos encarregados de garantir o fluxo de produtos com os novos atributos determinados pelos consumidores, inclusive no setor de bebidas frias.

Estes ajustes tendem a privilegiar os empacotadores-distribuidores e os distribuidores, porque estes apresentam ganhos de escala na logística de transporte (trabalham com um *mix* de produtos) e melhoram a eficiência nos canais de distribuição por meio da troca de informações e do planejamento conjunto das ações. No setor de bebidas frias, como um todo, há fortes indícios de que deverá ocorrer maior valorização dos agentes de distribuição que garantam ganhos de escala visando reduzir custos, estabilidade na qualidade, fluxo estável de produtos (reduzindo os desequilíbrios entre oferta e demanda e a necessidade de estocar produtos) e a possibilidade de troca de informações na geração de novos produtos.

Como as mudanças no lado da demanda são mais difíceis de ocorrer no curto prazo, arrefecer a tendência de concentração no segmento de distribuição dependerá de mudanças no comportamento dos agentes diretamente envolvidos e da colaboração e apoio das instituições públicas e das organizações privadas, principalmente com a relação à infraestrutura de transportes rodoviários, principal meio de distribuição no setor de bebidas.

1.4 O consumo de bebidas no Brasil

A sociedade brasileira se insere num mercado alimentar sofisticado, em termos de tamanho e diversidade de produtos. Características culturais e ambientais fazem do Brasil uma sociedade e um povo com hábitos gastronômicos extremamente diversificados, na qual aromas, cores e sabores se multiplicam em combinações praticamente infinitas. Tal fato é reconhecido por muitos estudiosos da cultura, da formação e manifestação de hábitos, como é o caso de uma conhecida obra de Gilberto Freyre publicada em 1939 em que o autor trata do uso do açúcar na culinária (*Açúcar: uma sociologia do doce*). A mesa brasileira é uma das mais ricas em diversidade de cores, aromas e sabores do mundo.

Mas, o gosto pela diversidade confronta-se atualmente com a industrialização dos alimentos e bebidas na sociedade moderna, a qual tende a produzir produtos padronizados, em grande escala, como forma de obtenção de retornos de escala dos empreendimentos. Este gosto pela diversidade e o conflito cultural entre variedade e padronização tem criado oportunidades para a indústria de bebidas brasileira, especialmente sucos e refrigerantes, a qual tem se transformado numa das mais diversificadas em sabores do mundo, com sabores como gengibre, açaí, caju, pitanga, graviola, tangerina, maracujá, dentre outros. A diversificação dos sabores tem permitido a sobrevivência de muitos pequenos e médios fabricantes, pois cria oportunidades para explorar comercialmente variações dos sabores regionais numa sociedade de consumo em massa que tende à padronização dos produtos em operações em escala global.

Explorar sabores regionais tem se constituído numa importante oportunidade e estratégia de pequenos e médios fabricantes. Mas apesar de diversificada em relação a outros países, a indústria de bebidas brasileira pode ser considerada pouco diversificada em termos de produtos diferenciados se comparada com as possibilidades existentes. Além da variedade relativamente pouco explorada pela indústria em geral, o mercado de consumo de bebidas no Brasil, apesar de grande, em termos *per capita*, ainda pode ser considerado pequeno. Este mercado, diante da melhoria de renda observada entre 2003 e 2010, especialmente nas classes C, D, E, está em expansão.

Segundo a Associação Brasileira das Indústrias de Refrigerantes e Bebidas Não Alcoólicas (ABIR – 2011), houve um aumento no consumo de refrigerantes no período entre 2004 e 2008, no entanto, a participação relativa do refrigerante no total consumido de bebidas não alcoólicas diminuiu de 44,9% para 42,1% no mesmo período. O consumo de refrigerantes no ano de 2008 foi de 14.887,99 milhões de litros. O sabor cola é dominante, com mais da metade do mercado, seguido do sabor guaraná, com 20% do mercado.

O predomínio destes dois sabores nas opções do consumidor mostra o quão padronizado está o consumo de refrigerantes no Brasil. A indústria de refrigerantes no Brasil replica um traço do mercado consumidor americano, também concentrado em sabor cola. Tal concentração caminha na contramão dos traços culturais brasileiros e é obtida por elevados investimentos em propaganda e merchandising, beneficiando grandes fabricantes que detém as principais marcas ligadas ao sabor cola.

Ao mesmo tempo em que as operações em escala se viabilizam, por padronização dos hábitos de consumo, as operações de pequenas escalas, que poderiam se viabilizar explorando nichos locais, são dificultadas, pois deixam de encontrar um consumidor atento ao consumo de sabores ou marcas locais. A diversidade e a competitividade acabam sendo limitadas e reduzidas para o consumidor brasileiro em razão da estrutura concentrada do setor e da força do *marketing* de grandes *players* comparado à fragilidade dos pequenos.

Em termos regionais, na FIG. 5 nota-se que os principais consumidores no mercado interno estão nos estados de São Paulo e Rio de Janeiro, seguidos de Minas Gerais, Rio Grande do Sul, Paraná e Bahia. Pela FIG. 5, percebe-se que existe uma tendência de aumento anual no consumo de refrigerantes, sucos e água mineral nestes estados.

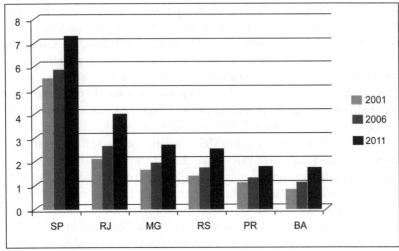

FIGURA 5 – Consumo de refrigerantes, sucos e água mineral nos principais mercados por estado (litro/milhão)
Fonte: ABIR (2011).

O peso das bebidas, em termos agregados, no orçamento de uma família representou em média 8,48% em 2002 e 9,70% em 2008, segundo dados da POF (TAB. 4). Na TAB. 5, a seguir, apresentamos a decomposição do consumo de bebidas segundo a Pesquisa de Orçamento Familiar (POF) de 2002-2003 (POF, 2002a, 2002b, 2002c) e 2008-2009 (POF, 2009a, 2009b, 2009c). A classificação das bebidas não consta nos microdados originais da POF, e foi adicionada aos dados para fins desta pesquisa.

A pesquisa incluiu 48.470 famílias em 2002-2003 e 55.870 famílias em 2008-2009, cobrindo todo território nacional. Dado que o número de famílias é diferente entre as duas pesquisas, o cálculo de variações das despesas monetárias entre os períodos não pode ser feito sem ajustes. Seria necessário ajustar, entre os dois períodos, o número de domicílios pesquisados, corrigir o valor da despesa nominal de consumo de bebidas pelo índice de inflação de alimentos e bebidas (IPC), e corrigir a renda nominal das famílias pelo índice deflator de renda, do sistema de contas nacionais. Este exercício foi realizado na tentativa de produzir valores ajustados reais de forma a permitir calcular variações entre os períodos.

No entanto, tal ajuste conduziu a uma situação de menor despesa de consumo de bebidas em geral em 2008-2009, com variações reais negativas em todas as categorias, o que não é um resultado real, e por isso optou-se pela apresentação dos dados em termos nominais, tal como constam na TAB. 5. Mesmo diante desta limitação técnica, algumas análises são possíveis. A inflação de alimentos e bebidas, medida pelo IPC (não mostrada na tabela), entre janeiro de 2002 e dezembro de 2008, foi de 71,2%, enquanto o deflator de renda foi de 62,9%, de onde se conclui que as bebidas em geral se tornaram relativamente mais caras, comparadas à renda das famílias. Ainda segundo os dados da POF, cada família (ou unidades de consumo) era formada em média por 3,76 moradores em 2002 e por 3,40 em 2009, as quais obtiveram uma renda nominal total de R$890,2 milhões em 2002 e R$1.530,4 milhões em 2008, dos quais foram gastos com bebidas 2,99% em 2002 e 2,59% em 2008.

Os principais tipos de bebidas na cesta do consumidor são as bebidas lácteas, fermentadas (cervejas em sua maioria), e refrigerantes. Estas três categorias representam 76,7% das despesas de bebidas em 2002 e 73,6% em 2009.

TABELA 4

Proporção da renda gasta com
alimentação no Brasil (em %)

	POF 2002-2003	POF 2008-2009
Alimentação no domicílio	100,00	100,00
Cereais, leguminosas e oleaginosas	10,36	8,00
Farinhas, féculas e massas	5,71	4,60
Açúcares e derivados	5,91	4,60
Legumes e verduras	2,96	3,30
Frutas	4,18	4,60
Carnes, vísceras e pescados	18,34	21,90
Aves e ovos	7,14	6,90
Leites e derivados	11,94	11,50
Panificados	10,92	10,40
Óleos e gorduras	3,38	2,30
Bebidas e infusões	8,48	9,70
Alimentos preparados	2,35	2,90
Outros alimentos	8,32	9,30
Número de famílias	48.534.638	57.816.604
Tamanho médio da família	3,62	3,3

Fonte: IBGE (2004a, b, c e 2010a, b, c) POF 2002-2003 e POF 2008-2009.

TABELA 5
Despesas anuais com bebidas no Brasil –
POF (em R$ nominais)

Cód	Descrição (1)	POF 2002/2003		POF 2008/2009	
		Desp Anual	%V	Desp Anual	%V
A	Águas	420.469	1,6%	679.433	1,7%
C	Chás	2.556.677	9,6%	5.046.062	12,7%
D	Destiladas	1.218.623	4,6%	1.145.531	2,9%
E	Ervas Naturais	95.236	0,4%	47.225	0,1%
F	Fermentadas	6.383.656	24,0%	8.090.841	20,4%
L	Lácteas	9.964.856	37,4%	13.095.016	33,1%
M	Mate	146.590	0,6%	266.919	0,7%
N	Energéticos	593.967	2,2%	71.740	0,2%
O	Outros	56.102	0,2%	18.767	0,0%
R	Refrigerantes	4.078.643	15,3%	7.948.235	20,1%
S	Sucos	774.824	2,9%	2.569.309	6,5%
V	Vinhos	352.407	1,3%	621.942	1,6%
Total Despesas com Bebidas		**26.642.051**	100,0%	**39.601.021**	100,0%
Memo:					
Nº de Unidades de Consumo		48.470		55.970	
Nº de Moradores e Nº por UC (2)		182.333	3,76	190.159	3,40
Renda Total Anual		890.256.627	$	1.530.441.105	$
Renda por UC Mensal		1.531	$	2.279	$
Desp. Bebidas / Renda Total		2,99%		2,59%	
Desp. Bebidas *Per Capita*		146,12	$	208,25	$

Fonte: IBGE (2004a, b, c e 2010a, b, c).

(1) A Classificação das bebidas foi realizada pelos autores, e não faz parte das variáveis classificatórios originais das POF.
(2) UC – Unidade de Consumo. Equivale ao conceito de família.

Com respeito ao consumo de cerveja no mercado doméstico, percebe-se que o mesmo também vem crescendo com o tempo. Comparativamente, o brasileiro consumiu em 2010 o dobro do que consumia em 1986, conforme ilustra a FIG. 6. Este maior consumo de cerveja só ocorreu com mais força a partir da estabilização econômica pós-Real, devido à redução no processo inflacionário e recuperação do poder aquisitivo da renda da população.

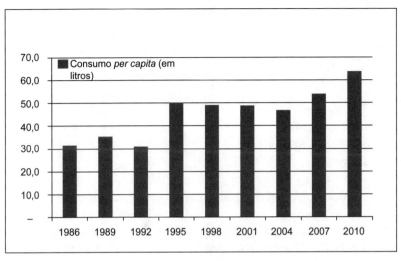

FIGURA 6 – Consumo anual *per capita* de cerveja no Brasil (em litros)
Fonte: Stefenon (2011) baseado em Rosa *et al.* (2006) e Supermercado Moderno (2011).

1.5 Estrutura de mercado no Brasil

No que tange ao setor de cervejas, até a década de 1990 este mercado tinha como principal característica o grande número de marcas e a diversidade de tipos de produtos. Foi durante esse período que o mercado apresentou crescimento significativo, principalmente após a estabilização econômica causada pelo Plano Real e o consequente aumento na renda disponível.

Em 1999 foi criada a AMBEV pela fusão de duas grandes companhias cervejeiras, a Brahma e a Antarctica. Em uma decisão polêmica, o Conselho Administrativo de Defesa Econômica (CADE) aprovou a fusão no ano 2000. No ano de 2004, nova operação, a cervejaria belga Interbrew adquiriu 57% das ações da AMBEV, e criou uma nova companhia, a InterbrewAMBEV, com sede em Leuven, na Bélgica. Em 2008, a InterbrewAMBEV acabou adquirindo a Anheuser-Busch, fabricante da Budweiser, que era a principal fabricante mundial à época.

Atualmente, 98,4% do setor é dominado por quatro empresas, o restante (1,6%) é disputado entre cervejarias nacionais e microcervejarias, conforme mostra a TAB. 6.

TABELA 6
Participação atual no mercado de cervejas em volume de produção em 2010

COMPANHIA	(%) MERCADO
AMBEV	70,1
SCHINCARIOL	11,2
PETRÓPOLIS	9,4
HEINEKEN	7,8
EMPRESAS REGIONAIS	1,5

Fonte: AFREBRAS.

As microcervejarias são fábricas pequenas que utilizam o processo artesanal de produção, sem escala industrial, com um preço acima do preço de mercado, mas com um produto altamente diferenciado, a fábrica geralmente vende a cerveja em seu próprio bar ou restaurante.

Já as cervejarias regionais são pequenas indústrias com escala de produção, que usam os mesmos princípios das grandes empresas, sendo a principal diferença o volume de produção e o comportamento de mercado.

Esse comportamento de mercado pode ser evidenciado pelas ações da AMBEV que impõe seu poder aos demais participantes do mercado de várias formas, tanto por manobras em seus pontos de vendas, quando impõe aos varejistas exclusividade na venda de seus produtos, quanto na utilização das garrafas retornáveis. A AMBEV valeu-se inclusive do expediente de recolher as garrafas retornáveis de uso comum do mercado, reprocessá-las e recolocá-las no mercado com a sua marca, o que impede que as garrafas sejam usadas por outros fabricantes de cerveja, ou mesmo pelas marcas regionais de refrigerantes, tema a que se retornará neste livro.

Conforme constatado tanto no mercado de cervejas quanto no de refrigerantes, ambos possuem um grande número de empresas, no entanto, há uma concentração da produção em um pequeno número de grandes empresas, o que dá a essas empresas o poder de dominar o mercado e agir de forma não competitiva com os concorrentes.

De acordo com a AFREBRAS (TAB. 7), juntas a Coca-Cola, AMBEV e Schincariol, possuem mais de 91% do faturamento do setor e mais de 80% de participação no mercado, sendo que nenhuma outra empresa que compõe o setor alcança um faturamento que corresponda a 0,5% das duas grandes corporações (Coca-Cola e AMBEV).

TABELA 7
Participação das principais empresas no mercado brasileiro de refrigerantes (em %)

	2003	2004	2005	2006	2007	2008	2009	2010
Coca-Cola	50,1	50,6	53,3	54,7	56,0	56,2	56,6	58,1
AMBEV	16,6	16,9	17,0	16,9	17,1	17,7	17,8	17,7
Schincariol	2,1	2,3	2,8	2,8	2,9	3,4	4,0	4,0
Regionais	31,2	30,2	26,9	25,6	24,0	22,7	21,6	20,3

Fonte: AFREBRAS.

Além da pequena participação das empresas nacionais no mercado de refrigerantes, as mesmas ainda vêm perdendo mercado a cada ano. De acordo com a AFREBRAS, desde 2003 as empresas regionais recuaram 10,9 pontos percentuais no volume produzido, e a AMBEV, por outro lado, aumentou a cada ano seu volume de produção em cerca de 1,1 pontos percentuais.

No intuito de melhor entender como os mercados de refrigerantes e cervejas estão estruturados, faz-se necessário uma definição teórica de algumas estruturas de mercado existentes, bem como, para o entendimento de como a estrutura do mercado pode afetar o comportamento dos agentes, também será apresentado o que é chamado paradigma Estrutura-Conduta-Desempenho (ECD).

As estruturas de mercado são definidas conforme aspectos inerentes de como os mercados estão organizados. Segundo Labini (1984), a tipologia das estruturas é baseada principalmente nas características do produto e no número de produtores. A análise de estruturas de mercado da teoria microeconômica tradicional salienta a existência básica das seguintes formas de mercado: concorrência perfeita, concorrência monopolística, monopólio e oligopólio.

No monopólio o setor é a própria firma, ou seja, existe um único produtor que realiza toda a produção. O monopólio somente se mantém se a firma conseguir impedir a entrada de novas empresas no mercado, seja por proteção oferecida por leis governamentais, seja por controle da fonte de matérias-primas ou existência de patentes.

O setor monopolista pode apresentar lucro maior que outros setores, isso devido à concorrência entre os consumidores que não têm opção a não ser adquirir o produto do único vendedor.

Já a concorrência perfeita é uma concepção teórica ideal, sendo que, ao contrário do monopólio, ela é hipoteticamente caracterizada por: (1) a existência de um grande número de compradores e produtores, de forma que nenhum deles individualmente pode interferir no funcionamento do mercado e nos preços; (2) os produtos são homogêneos e substitutos perfeitos entre si, dessa forma não podem existir preços diferentes no mercado; (3) existe completa informação e conhecimento sobre o preço do produto, ou seja, o mercado é transparente; (4) a entrada e saída de empresas do mercado são livres, não havendo barreiras econômicas ou legais.

Na prática, o que existem são aproximações desta estrutura de mercado, ou seja, em condições normais sempre existe algum grau de imperfeição no funcionamento do mercado.

Para Labini (1984), o oligopólio é uma estrutura de mercado que hoje prevalece no mundo Ocidental. Esta estrutura é caracterizada pela existência de um número muito reduzido de produtores e vendedores, produzindo produtos que são substitutos próximos entre si.

A característica fundamental do oligopólio é a interdependência entre as empresas participantes do mercado, ou seja, como existem poucas empresas no setor, cada uma detém uma fatia significativa do mercado, por isso, a ação de uma empresa influencia diretamente no mercado da outra. Reconhecendo esta interdependência, as empresas que compõem o mercado preferem evitar o confronto concorrencial direto e acabam formando cartéis ou optando pelas fusões.

De acordo com Pindyck e Rubinfeld (2010), na concorrência monopolista, embora apresente como a concorrência perfeita um setor composto de um número elevado de empresas, essa estrutura de mercado caracteriza-se pelo fato de que as empresas produzem produtos diferenciados, embora substitutos próximos.

A diferenciação de produtos pode acontecer por características físicas, como a sua composição química, pela embalagem, ou pelo esquema de promoção de vendas e/ou pelo apelo psicológico com o uso de esforços de estratégias de *marketing*. Conforme exposto anteriormente, os mercados de refrigerantes e cervejas são caracterizados pela existência de um reduzido número de empresas dominantes o que permite associá-los a uma estrutura de mercado oligopolista.

No entanto, os referidos mercados também apresentam um grande número de pequenas empresas, com uma ínfima participação no mercado, que possuem produtos diferenciados por composição química ou embalagens e que são substitutos próximos entre si. Estas características permitem identificá-los como concorrência monopolista.

Neste contexto, as informações sugerem que a composição do mercado pode ser definida como oligopolista, com franjas de concorrência monopolista.

1.5.1 Paradigma Estrutura-Conduta-Desempenho (ECD)

Para Azevedo (2004), a literatura referente à Organização Industrial pode dar respostas adequadas ao comportamento das empresas em estruturas de mercado diferenciadas, como é o caso dos setores de refrigerantes e cervejas, cujas empresas de pequeno porte precisam conviver com empresas de grande porte.

O grande problema nos mercados oligopolizados é o exercício do poder de monopólio, isto é, a capacidade de ditar preços e controlar o mercado. Quando existe poder de monopólio por partes de algumas empresas que compõem o mercado, três tipos de ineficiência podem existir: 1. Ineficiência alocativa, ou seja, o preço mais alto devido ao poder de monopólio faz com que o consumo fique aquém do desejado; 2. Ineficiência produtiva, isto é, a perda de motivação por parte da empresa que desfruta de lucros elevados, refletindo em ineficiência administrativa; 3. Ineficiência dinâmica, situação em que as empresas que desfrutam do poder de monopólio sentem-se menos estimuladas a fazerem novos investimentos e o setor fica estagnado.

Segundo Scherer e Ross, (1990) e Bain (1972), existe uma relação causal entre a estrutura de mercado em que a empresa está inserida, a conduta ou estratégias da empresa (comportamento) e o desempenho econômico. Esta relação foi sintetizada no que se chama de paradigma Estrutura-Conduta-Desempenho (ECD).

O ECD é um dos principais instrumentos de análise das políticas de defesa da concorrência. Uma vez identificados quais elementos da estrutura de mercado ou práticas das empresas são danosos à concorrência, o Estado pode fazer uso da legislação antitruste, a fim de atenuar as ineficiências derivadas do poder de monopólio.

Na FIG. 7, a seguir, tem-se um quadro sintético do ECD, cujo efeito causal principal é representado pelas setas cheias e os efeitos secundários são representados por setas pontilhadas.

A análise do ECD é bastante completa e abrangente, no entanto, o presente estudo abordará prioritariamente a relação entre a conduta da empresa e o desenvolvimento econômico, pois é o ponto no qual grandes corporações dos setores de refrigerantes e cervejas estão exercendo sua influência.

O desenvolvimento econômico é determinado pelo conjunto de estratégias que definem a "conduta" da empresa. Cada empresa tem a possibilidade de definir estratégias com a finalidade de ganhar participação no mercado, entretanto cada estratégia tem um impacto distinto sobre o desempenho. Por exemplo, gastos com pesquisa e desenvolvimento de novos produtos refletem-se no aumento da eficiência dinâmica, o que contribui para a melhoria da qualidade ou queda no preço dos produtos e maior desenvolvimento econômico. Por outro lado, uma estratégia de cartelização, ou eliminação de um concorrente via controle do mercado varejista, diminui o "leque de opções" dos consumidores, fazendo com que a empresa dominante possa praticar preços mais altos, diminuindo a eficiência técnica e o consumo, o que prejudica o desenvolvimento econômico.

Adaptando a teoria do ECD ao que acontece atualmente nos setores de refrigerantes e cervejas, pode-se perceber que algumas das estratégias que grandes corporações dos setores estão adotando para aumentar sua participação no mercado, e com isso auferirem maior lucro, são prejudiciais ao desenvolvimento econômico.

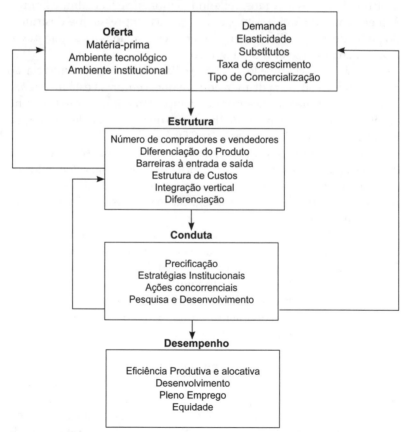

FIGURA 7 – Síntese do paradigma Estrutura-Conduta-Desempenho (ECD)
Fonte: Scherer e Ross (1990).

Como exemplo, temos as ações do programa "Tô contigo" da AMBEV, no qual segundo a Secretaria de Defesa Econômica a empresa visava conseguir a exclusividade dos varejistas na venda de suas marcas de cerveja, e os estabelecimentos varejistas que diminuíssem a venda poderiam ser excluídos da rota dos vendedores da AMBEV. Essa ação diminui o direito de escolha do consumidor, e prejudica o desenvolvimento econômico regional e foi condenada pelo CADE. Há na sequencia desta obra mais algumas abordagens sobre este interessante tema.

Adicionalmente, outra ilustração do problema de concentração do mercado pode ser o caso da "guerra das garrafas", no qual a AMBEV recolhe as garrafas retornáveis de 600ml, de uso comum de todas as marcas de cervejas e refrigerantes regionais, as recicla e as retorna ao mercado com sua marca em relevo, impedindo que as outras marcas utilizem as mesmas garrafas, o que prejudica as marcas menores de cerveja, e também as marcas de refrigerantes regionais, que são concorrentes das marcas de refrigerantes da AMBEV (maiores detalhes serão discutidos no próximo capítulo). Estas formas de estratégias prejudicam a concorrência, fazem com que as fábricas regionais de refrigerantes se enfraqueçam, ou até parem de produzir e saiam do mercado, diminuindo o emprego no setor. Haverá outras abordagens também sobre esta questão na sequência do livro.

Cabe ao Poder Público, por intermédio de seus órgãos de defesa econômica, como o Conselho Administrativo de Defesa Econômica (CADE) e a Secretaria de Defesa Econômica (SDE), estimular a concorrência e manter a ordem econômica interferindo nas ações predatórias das grandes corporações e revisando a legislação tributária que beneficia hoje as grandes corporações em detrimento das empresas regionais do setor.

A concentração de mercado apresentada no setor de refrigerantes não prejudica apenas as pequenas empresas regionais e seus funcionários, mas todos os consumidores, já que as grandes corporações limitam o poder de escolha do consumidor por meio de suas ações, seja com manobras no ponto de vendas, com as quais impedem a entrada das marcas regionais, seja com uso forte da mídia, ou com manobras políticas.

1.6 Considerações finais: a estrutura do livro

Como o ambiente institucional é um importante determinante do desempenho econômico das empresas e das variações de bem-estar dos consumidores, o *capítulo 2* trará uma discussão a respeito do ambiente institucional presente na indústria de bebidas frias no Brasil, mostrando grandes diferenças estruturais entre pequenas e grandes empresas do setor, bem como enfatizando o jogo político e jurídico utilizado pelas grandes empresas para seu fortalecimento e expansão, em detrimento das pequenas e médias empresas.

No *capítulo 3*, analisa-se a distorção tributária no mercado de bebidas frias e sua relação com a estrutura concentrada do mercado, na qual as grandes empresas (corporações) acabam pagando relativamente menos impostos do que as pequenas empresas regionais, sendo que, pelo lado dos consumidores, os mesmos acabam pagando mais exatamente por produtos oriundos destes grandes fabricantes de bebidas. No médio prazo, com esta distorção perdurando, ou até se agravando, a tendência é de um maior aumento no grau de concentração do mercado, pois muitas pequenas empresas regionais teriam dificuldades de continuar no mercado, podendo ser adquiridas pelas grandes companhias, ou até conduzidas ao encerramento definitivo de suas atividades. As consequências, mais uma vez, seriam a de perda de bem-estar para os consumidores. Deste modo, o *capítulo 3* apresenta uma análise e discussão bem mais detalhada sobre a tributação no setor de bebidas frias, contemplando os principais tributos aplicados ao setor. Já a relação entre o regime especial de tributação na Zona Franca de Manaus e sua influência em toda a cadeia produtiva de bebidas frias, com consequências à concorrência e competitividade do setor será abordada no *capítulo 4*.

Diante da concentração e dos vários problemas no nível de estrutura de mercado discutidos neste primeiro capítulo, o *capítulo 5* apresenta em maiores detalhes a importância da garantia da liberdade da concorrência no setor de bebidas frias, de forma a propiciar o desenvolvimento econômico e social no âmbito regional.

Baseados nas discussões e análises dos capítulos anteriores, o *capítulo 6* se propõe a definir um conjunto de proposições e contribuições para a idealização e elaboração de um novo setor de bebidas frias no Brasil, visando eliminar as diversas distorções apontadas em todo o livro, de forma a servir como um importante setor/indústria para o desenvolvimento econômico, social e regional.

Referências

ASSOCIAÇÃO BRASILEIRA DAS INDÚSTRIAS DE REFRIGERANTES E BEBIDAS NÃO ALCOÓLICAS. Disponível em: <www.abir.org.br>. Acesso em: 23 mar. 2011.

ASSOCIAÇÃO DOS FABRICANTES DE BEBIDAS DO BRASIL. Disponível em: <http://www.afrebras.org.br>. Acesso em: 23 mar. 2011.

AZEVEDO, P. F. Organização Industrial. *In*: PINHO, D. B. (Org.). *Manual de economia*. 5. ed. São Paulo: Saraiva, 2004.

BAIN, J. *Essays on Price Theory and Industrial Organization*. Boston: Little, Brown, 1972.

BARTH-HAAS GROUP. The Barth Report – Hops 2005/2006. Joh. Barth & Sohn GmbH & Co. KG. Nuremberg, 2010.

BREWING AND BEVERAGE INDUSTRY INTERNATIONAL. The International Beverage Market. Verlag W. Sachon GmbH & Co. KG. München, 2010.

GEORGE, Ann. 2010 – Statistic Report. Hop Growers of America, Inc. Moxee, 2010.

INSTITUTO BRASILEIRO DE GEOGRAFIA E ESTATÍSTICA (IBGE). *Pesquisa de Orçamento Familiar (POF) 2002-2003*. Rio de Janeiro: Microdados, 2004a.

INSTITUTO BRASILEIRO DE GEOGRAFIA E ESTATÍSTICA (IBGE). *Pesquisa de Orçamento Familiar (POF) 2002-2003*: aquisição alimentar domiciliar *per capta*. Rio de Janeiro, 2004b.

INSTITUTO BRASILEIRO DE GEOGRAFIA E ESTATÍSTICA (IBGE). *Pesquisa de Orçamento Familiar (POF) 2002-2003*: perfil das despesas no Brasil. Rio de Janeiro, 2004c.

INSTITUTO BRASILEIRO DE GEOGRAFIA E ESTATÍSTICA (IBGE). *Pesquisa de Orçamento Familiar (POF) 2009-2010*: microdados. Rio de Janeiro, 2010a.

INSTITUTO BRASILEIRO DE GEOGRAFIA E ESTATÍSTICA (IBGE). *Pesquisa de Orçamento Familiar (POF) 2009-2010*: aquisição alimentar domiciliar *per capta*. Rio de Janeiro, 2010b.

INSTITUTO BRASILEIRO DE GEOGRAFIA E ESTATÍSTICA (IBGE). *Pesquisa de Orçamento Familiar (POF) 2009-2010*: perfil das despesas no Brasil. Rio de Janeiro, 2010c.

LABINI, P. S. *Oligopólio e progresso técnico*. 2. ed. Rio de Janeiro: Forense-Universitária, 1984.

PINDYCK, R. S.; RUBINFELD, D. L. *Microeconomia*. 7. ed. São Paulo: Prince Hall, 2010.

RELAÇÃO ANUAL DE INFORMAÇÕES SOCIAIS (RAIS). Ministério do Trabalho e Emprego. Bases Estatísticas. Brasília, 2011.

ROSA, Sergio E. Silveira da; COSENZA, José Paulo; LEÃO, Luciana T. de Souza. *Panorama do setor de bebidas no Brasil*. Rio de Janeiro: BNDES Setorial, 2006.

SCHERER, F.; ROSS, D. *Industrial Market Structure and Economic Performance*. Boston: Houghton Mifflin, 1990.

SCORZAFAVE, L. *Uma agenda de competitividade para a indústria paulista setor de bebidas*. Instituto de Pesquisas Tecnológicas do Estado de São Paulo – IPT/FIPE, 2008. 198 p.

STEFENON, R. *A emergência de um novo padrão de consumo e suas implicações para a dinâmica competitiva da indústria cervejeira* (Dissertação) – Programa de Pós-Graduação em Desenvolvimento Econômico, Universidade Federal do Paraná, Curitiba, 2011.

SUPERMERCADO MODERNO. Consumo de cerveja baterá recorde em 2010. Disponível em: <http://www.sm.com.br>. Acesso em: 14 fev. 2011.

Informação bibliográfica deste texto, conforme a NBR 6023:2002 da Associação Brasileira de Normas Técnicas (ABNT):

BITTENCOURT, Maurício Vaz Lobo; PEREIMA NETO, João Basílio. Setor de bebidas frias. *In*: RIBEIRO, Marcia Carla Pereira; ROCHA JR., Weimar Freire da (Coord.). *Concorrência e tributação no setor de bebidas frias*. Belo Horizonte: Fórum, 2011. p. 15-43. ISBN 978-85-7700-513-0.

CAPÍTULO 2

AMBIENTE INSTITUCIONAL NO SETOR DE BEBIDAS FRIAS

WEIMAR FREIRE DA ROCHA JR.

CARLOS ALBERTO GONÇALVES JUNIOR

2.1 Introdução

A sociedade brasileira vem constantemente se deparando com desafios e demandas que se não forem atendidas podem gerar problemas de grande monta nas esferas social e econômica. Dentre esses desafios e demandas, as instituições, definidas como instrumentos que restringem a ação do agente econômico, passam a ser relevantes para o desempenho socioeconômico de uma nação.

Isso pode ser constatado, cotidianamente, nos noticiários dos canais de comunicação, os quais veiculam os mais variados problemas institucionais que afetam com intensidade os agentes econômicos, e proporcionam perda de eficiência e, consequentemente, um ônus para as empresas, trabalhadores, e para toda a sociedade. Essas fragilidades institucionais tornam empresas e trabalhadores menos competitivos, podendo comprometer a eficiência além de gerar passivos sociais graves que atingem vários segmentos da sociedade.

Especificamente no segmento de bebidas frias, problemas de fragilidades institucionais têm sido há muito percebidos, uma vez que parcela significativa de empresas, trabalhadores e consumidores acabam sendo afetados por problemas que geram ineficiência no sistema de bebidas frias.

Para tentar apontar estes entraves, este capítulo buscará levantar alguns pontos e questionar os motivos que podem estar proporcionando perda de eficiência neste sistema.

Assim, a indagação que o capítulo pretende responder é: quais seriam os fatores que poderiam comprometer o ambiente institucional e proporcionar ineficiência no sistema de bebidas frias?

A possibilidade de se chegar a uma resposta à indagação formulada, sob a ótica da economia institucional, funcionará como um importante subsídio para a melhoria do desempenho econômico de empresas do setor de bebidas frias.

O segmento analisado, como já indicado no primeiro capítulo, é composto por empresas multinacionais de grande porte com abrangência nacional (Coca-Cola e AMBEV), e por empresas nacionais dos mais variados portes, com abrangência regional, instaladas nos mais diversos municípios, em todo o território nacional.

Pela ótica da tecnologia e distribuição logística, as empresas de grande porte estão naturalmente num estágio mais avançado nestes quesitos por operarem com escala de investimento e pontos de vendas que oferecem uma significativa vantagem competitiva, mas também existe uma série de estratégias não competitivas que geram ônus para a concorrência. Já as empresas de menor porte operam regionalmente, e competem em seus mercados com as grandes empresas que titulam maior capital e trabalham com estratégias mais robustas nas áreas de *marketing*, tecnologia de informação, preços e produtos e, como mencionado, canais de distribuição que conduzem a um número maior de pontos de vendas. Todos estes fatores, mais as práticas não competitivas adotadas por algumas empresas, podem comprometer o desenvolvimento regional, por proporcionar perdas de postos de trabalho, fazer com que a renda migre para outras regiões, promovendo problemas econômicos e sociais.

Tais fatores, aliados ao jogo político e jurídico que permeia a atuação das empresas que operam no mercado de bebidas frias e que favorece o fortalecimento das grandes empresas em detrimento das pequenas e médias, e os impactos desta realidade, justificam o desenvolvimento deste capítulo.

Para tanto, este capítulo será subdividido em quatro seções a partir da introdução. Na sequência serão apresentados os pressupostos fundamentais e conceitos teóricos da Nova Economia Institucional e o modelo de relações sistêmicas que balizaram o estudo. Em seguida, serão apresentados o ambiente institucional e os órgãos criados pelo Estado que têm a finalidade de preservar a concorrência. Depois, optou-se pela apresentação de um caso concreto na indústria de bebidas. Por fim, serão elaboradas as proposições para futuros trabalhos.

2.2 A nova economia institucional e seus conceitos

A Nova Economia Institucional (NEI) tem a pretensão de explicar as diferentes formas organizacionais que existem no mercado e seus arranjos contratuais, destacando o ambiente institucional e sua interação com as organizações (JOSKOW, 1995). De maneira bastante simplificada, esse é o centro das atenções demandadas pela NEI.

A NEI, que até então não tinha essa denominação, começa a se desenvolver nos anos 30, quando Ronald Coase lança o seu clássico artigo "The Nature of the Firm". Neste artigo Coase faz a seguinte indagação: se a produção é regulada pelo mercado, qual a necessidade da existência da firma? A partir desta pergunta, se inicia uma mudança no pensamento predominante da época, mas que fica latente por um longo período, uma vez que apenas em 1991 ele é agraciado com o Prêmio Nobel de Economia.

A firma deixa de ser tratada como uma função de produção em que os insumos transformam-se em produtos, e passa a ser tratada como uma organização de coordenação dos agentes econômicos. Desta forma, a estrutura de governança adotada pelos agentes econômicos, pendendo entre mercado e hierarquia (firma), será o mecanismo de coordenação que for mais eficiente, ou melhor, que reduza os custos de transação (ZYLBERSZTAJN, 2000).

Coase ao analisar a transação e a economia vislumbrou que os custos de transação não mais poderiam ser desprezados. A firma passa a ser considerada como um complexo de contratos comandando as transações internas e externas. Mercado e firma não se relacionam pelo sistema de preços, mas pelo contrato, o qual, em cada uma das distintas estruturas de governança, terá sua particularidade.

Os custos de transação podem ser definidos como os custos de relacionamentos entre os agentes econômicos que estão interagindo. Estes custos podem ser definidos quando se estabelece quatro níveis: o primeiro nível relaciona-se com os custos de construção e negociação dos contratos; o segundo envolve os custos por medir e monitorar os direitos de propriedade existentes no contrato. Esse nível incorpora os custos de observação dos contratos ao longo do tempo para seu desempenho e atende às expectativas das partes que fizeram a transação. O terceiro nível engloba os custos de manter e fazer executar os contratos internos e externos da firma. O quarto e último nível relaciona-se com os custos de adaptação que os agentes sofrem com as mudanças ambientais (FARINA, 1999). Quanto mais rápida for a adaptação, menos custos de transação existirão, incorrendo-se em lucros maiores.

A Nova Economia Institucional desenvolve seus conceitos em quatro pressupostos. Dois pressupostos são de cunho transacional e dois de cunho comportamental. O primeiro pressuposto é que existem custos na utilização do sistema de preços, quer este seja feito pelo mercado, quer seja feito pela firma. Isto é, o funcionamento do sistema econômico pode ser coordenado, em um extremo via mercado e em outro via integração vertical, existindo inúmeras possibilidades entre esses dois extremos.

O segundo pressuposto sugere que as transações ocorram em um ambiente institucional estruturado, cujas instituições são importantes e têm a capacidade de influir nos custos de transação. Assim, o ambiente institucional afeta o processo de transferência dos direitos de propriedade (COASE, 1998).

O oportunismo e a racionalidade são os próximos conceitos abordados, e são os pressupostos comportamentais destacados. O oportunismo é um comportamento aético que tem seus custos para os agentes que estão transacionando. Este ato transcende o comportamento humano em que as pessoas têm atitudes visando beneficiar a si próprias.

O quarto pressuposto é a racionalidade limitada. Embora o ser humano condicione o seu comportamento à razão, ele o faz de maneira limitada. Williamson conceitua racionalidade limitada como um comportamento com o qual os indivíduos não conseguem desenvolver de forma plena a sua capacidade cognitiva, deixando a desejar em algumas situações por essa limitação (WILLIAMSON, 1996).

Apresentados os conceitos básicos da Nova Economia Institucional, faz-se necessário entender como esses conceitos se relacionam em um modelo de relações sistêmicas, cujos pressupostos comportamentais interagem com os ambientes tecnológico, institucional e organizacional, influenciando o desempenho do setor.

2.2.1 Modelo das relações sistêmicas

O modelo inicialmente apresentado por Farina (1999, p. 10), representado na FIG. 1, estabelece as relações entre o ambiente institucional, organizacional e tecnológico que interagem no curto prazo e influenciam o ambiente competitivo que, concomitantemente, em função da estrutura de governança estabelecida pelo relacionamento entre todos os agentes econômicos influenciará as estratégias individuais das empresas. Caso o desempenho seja positivo, a empresa crescerá e terá lucratividade suficiente para iniciar uma segunda fase (longo prazo) e modificar todos os demais ambientes. Isto pode ser exemplificado nos parágrafos a seguir.

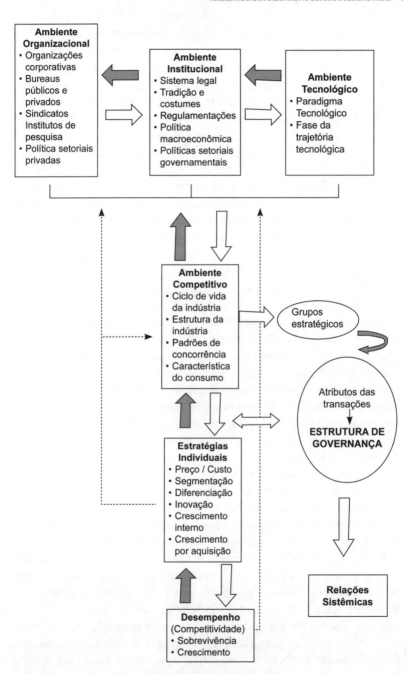

FIGURA 1 – Modelo de relações sistêmicas
Fonte: FARINA, 1999.

O sistema de bebidas frias possui seus atributos de transação, incerteza, frequência e especificidade do ativo, ou seja, ao ocorrer uma transação entre uma indústria e um varejista, por exemplo, estes três atributos são evidenciados: a incerteza de concretizar ou não o negócio, a frequência com que esses agentes trocam a mercadoria e a característica particular do produto (cerveja/refrigerante), que o torna especial. Estes atributos irão compor as estruturas de governança do sistema (se a matéria-prima for muito comum, se o risco de fazer o negócio for pequeno e se a frequência entre os agentes for intensa). O mercado pode ser a melhor forma de organizar este sistema, com suas próprias regras, caso contrário será preferível que a empresa produza sua própria matéria-prima, porque os custos de produção serão extremamente altos (procurar a matéria-prima da forma e qualidade desejadas, monitorar os vários produtores que detêm essa matéria-prima, entregar a matéria-prima no momento e padrão desejados, etc.).

Dados os atributos e a estrutura de governança, mais os condicionantes do ambiente institucional (leis do meio ambiente, da saúde, do trabalho etc.), do ambiente organizacional (associações de classe, cooperativas, sindicatos) e do ambiente tecnológico (níveis tecnológicos do processo e produto), molda-se o ambiente competitivo (local em que estão localizados os concorrentes, fornecedores e clientes), que, por sua vez, no curto prazo, irá influenciar as estratégias individuais das empresas. Se as estratégias individuais forem eficientes, haverá lucro e sobrevivência das empresas. A lucratividade das empresas pode alterar, no longo prazo, os ambientes institucional, organizacional e tecnológico, e competitivo, desencadeando um novo ciclo no sistema, e assim por diante.

Este modelo apresenta a interação entre todos os ambientes denominados, de forma que a busca de eficiência está na redução dos custos de transação que podem tornar o sistema de bebidas frias mais competitivo e gerar o desenvolvimento econômico e regional, com melhoria na distribuição de renda nas várias regiões onde existam indústrias que pulverizem os investimentos e geração de trabalho de maneira eficiente. Mas, para que isso ocorra, é necessário melhorar alguns fatores, como as instituições (regras do jogo), para que o jogo econômico se torne mais competitivo, uma vez que a ausência deste elemento tem prejudicado parcela significativa de empresas que atuam no segmento de bebidas frias.

Nos próximos parágrafos será destacado o ambiente institucional como elemento importante para tornar o jogo econômico mais competitivo, uma vez que quando as regras forem bem definidas e imparciais, todos os agentes econômicos terão a possibilidade de ser competitivos.

2.2.2 Ambiente institucional

Oliveira (1998) cita que, durante a 6ª Conferência Anual sobre o Desenvolvimento Econômico, em 1994, em Washington D.C., o professor Oliver Williamson questionou quais seriam as possíveis falhas de uma política de desenvolvimento e propôs três respostas.

A primeira resposta aponta como causa dos insucessos dos planos o excesso de otimismo dos reformadores.

A segunda resposta seria o fato de que bons planos sempre sucumbem, por existirem pessoas contrárias a eles. Estas possuem postos estratégicos e não têm interesse em mudar o *status quo*.

A terceira e última resposta recairia sobre as instituições que estão presentes na sociedade influenciando intensamente as relações entre os agentes econômicos. No entanto, os modelos de desenvolvimento não dão a elas a importância merecida, sendo, assim, negligenciadas (OLIVEIRA, 1998).

Shirley (1997) afirma que a conclusão do Departamento de Avaliação das Operações do Banco Mundial é que as falhas nas instituições são as maiores causas de fracassos dos projetos apoiados por essa organização.

Incorporar à análise econômica o ambiente institucional é relevante, principalmente por se tratarem das organizações, uma vez que o funcionamento do sistema econômico recebe muita influência das instituições.

Do ponto de vista da NEI, existe o reconhecimento de que a operação e a eficiência de um sistema econômico têm suas limitações e gargalos influenciados pelo conjunto de instituições que regulam o ambiente econômico (FARINA; AZEVEDO; SAES, 1997). Os mercados eficientes são consequência de um conjunto de instituições que fornecem, com baixo custo, as medidas e os meios para que os contratos sejam cumpridos, sendo o contrário também verdadeiro (OLIVEIRA, 1998). Como as instituições se comportam, como se relacionam e de que maneiras estão arranjadas na sociedade é o que caracteriza a eficiência, ou não, do sistema econômico. As instituições são, então, responsáveis pelo desempenho econômico das sociedades e de sua evolução (NORTH, 1994).

Instituições são as regras formais, restrições informais e características do cumprimento de ambas. Representa sistemas de restrições que cada ser humano impõe ao tratar com os semelhantes, as estruturas das interações políticas, econômicas e sociais. Ambas as categorias de instituições, formais e informais, de maneira conjunta, definem as estruturas de incentivo e especificidade das economias (NORTH, 1991, 1994). Existem, em toda a sociedade, por mais primitiva que seja, regras que limitam o comportamento das pessoas, já que as regras têm por finalidade criar uma estrutura que permita a interação das pessoas na comunidade, no plano econômico, político e social. As regras podem ser formais, quando são explícitas, tendo poder legítimo para a manutenção da ordem e do desenvolvimento da sociedade. Os exemplos que se poderia dar são a constituição de um país e as leis e estatutos de uma empresa. As regras informais estão relacionadas aos conjuntos de valores culturais que estão arraigados na sociedade e são passados de geração em geração. No caso das empresas, seria a sua cultura administrativa. Como exemplos poderiam ser citados os costumes, tradições, regras informais, tabus e códigos tácitos de conduta.

O ambiente institucional constitui o que alguns autores definem como as "regras do jogo". Estas promovem o desenvolvimento das atividades econômicas, bem como as ações políticas, legais e sociais que governam a base da produção, troca e distribuição (WILLIAMSON, 1996). Os conjuntos de normas e regras delimitam as ações estabelecidas pelo homem, disciplinando suas ações com seus semelhantes e com o mundo, podendo também regulamentar outras instituições, definindo os critérios que serão estabelecidos por meio das duas formas de regras — formais e informais.

O ambiente institucional ganha importância quando os custos de transação não podem ser negligenciados. Não existindo nenhum sistema com esse custo nulo, as instituições devem ser analisadas e consideradas (NORTH, 1994). As instituições criam e delimitam o ambiente onde ocorrerá a transação e onde as organizações irão atuar.

Segundo North (1990), as instituições representam, ao longo da história, a manutenção da ordem e a redução das incertezas nas sociedades. As instituições com as restrições econômicas definem o conjunto de alternativas e oportunidades a que os agentes econômicos se sujeitam na sociedade, favorecendo, ou não, a elevação dos custos de transação, transformação e lucratividade existentes no sistema econômico.

As instituições são importantes no sistema econômico quando existem diferentes níveis de informação entre os agentes econômicos, de incerteza no mercado, e grande número de concorrentes. Aliados a esses elementos, há os custos de transação, que criam pontos críticos no desempenho econômico. Neste ambiente turbulento e incerto, é necessário que existam "regras" que balizem e orientem a direção a ser tomada, para que os problemas relacionados às interações entre os agentes sejam resolvidos, e os acordos de troca sejam estabelecidos e cumpridos (NORTH, 1991). O conjunto de instituições econômicas e políticas forma a matriz institucional da sociedade.

A dinâmica evolutiva das economias surge da interação entre as instituições e as organizações, definida metaforicamente como "os jogadores" (organização) que estão enquadrados nas "regras do jogo" (as instituições).

A Constituição Federal trata especificamente sobre os princípios gerais da atividade econômica:

> Art. 170. A ordem econômica, fundada na valorização do trabalho humano e na livre iniciativa, tem por fim assegurar a todos a existência digna, conforme os ditames da justiça social, observados os seguintes princípios:
>
> I – soberania nacional;
>
> II – propriedade privada;
>
> III – função social da propriedade;
>
> IV – livre concorrência;
>
> V – defesa do consumidor;
>
> VI – defesa do meio ambiente, inclusive mediante tratamento diferenciado conforme o impacto ambiental dos produtos e serviços e de seus processos de elaboração e prestação;
>
> VII – redução das desigualdades regionais e sociais;
>
> VIII – busca do pleno emprego;
>
> IX – tratamento favorecido para as empresas de pequeno porte constituídas sob as leis brasileiras e que tenham sua sede e administração no País.

Cabe destacar que está previsto no artigo 173, V, §4º, da Constituição que a lei reprimirá o abuso do poder econômico que vise à dominação dos mercados, à eliminação da concorrência e ao aumento arbitrário dos lucros.

Apesar de existirem onze artigos na Constituição Federal voltados expressamente à atividade econômica, existem, também, algumas distorções que podem comprometer o desenvolvimento regional, aumentar significativamente os tentáculos das grandes corporações indo de encontro às leis que modelam a atividade econômica no Brasil, tornando a atividade econômica do segmento de bebidas frias, principalmente as de pequenos e médios porte, marginalizadas por não serem contempladas pelo que rege na Constituição Federal. Isto posto, mostra a divergência entre o estabelecido na Constituição Federal e o que ocorre no cotidiano.

O Governo Federal tem órgãos criados essencialmente para a manutenção da ordem econômica e garantia da concorrência, como o Conselho Administrativo de Defesa Econômica (CADE); a Secretaria de Direito Econômico (SDE) e a Secretaria de Acompanhamento Econômico (SEAE), as quais serão melhor detalhados na próxima seção. Cabe a esse aparato de órgão zelar para que haja concorrência competitiva entre todas as empresas estabelecidas no Brasil, independente de porte, nacionalidade, nível tecnológico, ou seja, o objetivo é que as empresas mais competitivas se estabeleçam, com o uso de estratégias competitivas e não pelo uso de estratégias que proporcionem ações não competitivas, como será exemplificado na parte final deste capítulo.

Assim como no capítulo anterior, quando foi demonstrado o modelo (paradigma) Estrutura-Conduta-Desempenho (ECD), tem-se que muitos aspectos relacionados ao ambiente institucional desempenham importante papel na influência da integração vertical e da concentração de mercado no paradigma ECD. Este tipo de abordagem permite analisar problemas relacionados às políticas públicas, referentes diretamente à influência que a integração vertical, integração horizontal, diversificação, fusões e aquisições, entre outros aspectos, teriam na estrutura do mercado de bebidas frias no Brasil.

No caso de formação de preços, o argumento convencional acaba sendo que a alta lucratividade em um mercado estaria vinculada ao comportamento induzido pela concentração de mercado. Analogamente, o argumento poderia ser que as atividades de pesquisa e desenvolvimento estariam associadas às firmas que sejam protegidas de qualquer competição potencial. Um último exemplo de análise econômica possível de ser feita, tendo como pano de fundo o paradigma ECD e o ambiente institucional, poderia ser a de que mercados concentrados levam a maiores gastos com *marketing* e propaganda, causando ainda maiores "barreiras à entrada" para empresas potenciais ingressarem neste mercado, contribuindo para a concentração ainda mais acentuada dos mercados.

Ou seja, a existência de instituições fortes em determinada economia ou indústria possibilita que as distorções verificadas nos parágrafos anteriores sejam evitadas ou reduzidas, de modo que a concorrência não seja prejudicada e que empresas e consumidores possam participar de um mercado que possibilite trazer ganhos para todos os agentes econômicos envolvidos.

2.3 Órgãos de regulação econômica

O princípio da concorrência está previsto na Constituição Federal, conforme mencionado na seção anterior, no seu artigo 170, inciso IV. Este princípio está baseado no pressuposto de que a concorrência não pode ser restringida por agentes econômicos com poder de mercado.

Os Estados Unidos possuem instrumentos institucionais específicos para lidar com a tentativa de exclusão da concorrência, como no caso de monopólios, pela seção 2 do Ato Scherman de 1890, o qual proíbe qualquer tentativa de "monopolizar" um mercado. Apesar das interpretações do termo "monopolizar" ter variado bastante nas cortes norte-americanas, estas incluem situações tanto de conduta (intenção de monopolizar) como de aspecto estrutural (possuir concessão de monopólio). Na prática, possuir a concessão de um monopólio nos Estados Unidos não é ilegal, apesar de a atividade poder se tornar ilegal caso o monopolista busque ações excludentes a novos competidores.

Num mercado onde existe concorrência entre os produtores e entre os consumidores de um bem ou serviço, os preços tendem a ser menores e a qualidade maior, pois, as empresas, para manterem-se no mercado, precisam buscar constantemente a eficiência. Quando os ganhos de eficiência são difundidos entre os produtores, a qualidade do produto oferecido aumenta e o preço cai, beneficiando o consumidor.

Para garantir a concorrência, salutar para o mercado, o Governo Federal criou o Sistema Brasileiro de Defesa da Concorrência (SBDC), que é responsável pela promoção de uma economia competitiva, por meio da prevenção e repressão de ações que possam limitar ou prejudicar a livre concorrência no Brasil.

O SBDC é composto pela Secretaria de Direito Econômico (SDE), pela Secretaria de Acompanhamento Econômico (SEAE) e pelo Conselho Administrativo de Defesa Econômica (CADE).

O Conselho Administrativo de Defesa Econômica (CADE) é uma autarquia federal, vinculada ao ministério da justiça com capacidade de julgar as estratégias praticadas pelas empresas. O CADE trabalha na fiscalização, prevenção e apuração de abusos de poder econômico, exercendo papel de protetor da concorrência agindo na prevenção e repressão destes abusos.

A Secretaria de Direito Econômico é um órgão do Ministério da Justiça responsável por instruir a análise concorrencial dos atos de concentração econômica, como fusões e aquisições, bem como investigar infrações à ordem econômica.

A Secretaria de Acompanhamento Econômico, por sua vez, é responsável pela emissão dos pareceres econômicos em atos de concentração. A SEAE investiga as condutas das empresas e apresenta à Secretaria de Direito Econômico além de elaborar pareceres em investigações sobre condutas anticoncorrenciais.

2.4 O *lobby*

Apesar das questões relacionadas ao *lobby* não serem foco de análise da Teoria da Nova Economia Institucional, este exerce grande influência na condução e estruturação das "regras do jogo" uma vez que o lobista representa um grupo de pressão que irá influenciar os legisladores e os técnicos no ajustamento de leis e regulamentos de acordo com os interesses do grupo de pressão.

No segmento de bebidas frias, assim como em outros setores organizados, pode se criar um forte ambiente de pressão por meio da contratação de lobistas, frequentemente escolhidos dentre o pessoal com experiência política, ex-assessores parlamentar ou escritórios especializados, normalmente geridos por advogados com atuação em Brasília.

Basicamente, o *lobby* é feito nos bastidores do Congresso Nacional ou nos Ministérios, locais onde o lobista irá apresentar suas argumentações e seu poder de persuasão em convencer os legisladores e técnicos em atender suas reivindicações para beneficiar as pessoas, organizações ou grupo que o contratou. De acordo com a AFREBRAS (2011), o *lobby* é organizado tanto pelos pequenos fabricantes de cerveja e refrigerante como pelos grande grupos que atuam neste segmento de mercado com a diferença básica que os primeiros tem um poder mais restrito ao passo que os grandes promovem suas ações de maneira muito mais ampla e constante.

Dentre as evidências dos efeitos da ação organizada de *lobby* no setor, a AFREBRAS (2011) destaca a própria formatação do sistema tributário incidente sobre o setor, tema do capítulo seguinte deste livro. A influência do poder de formação das instituições parece ter gerado um quadro tributário distorcido neste segmento, inclusive no que se refere à implantação e manutenção da Zona Franca de Manaus, que também será detalhada com maior profundidade no *capítulo 4* desta obra. Com a tributação fixa e não variável pela produção ocorre a perda de competitividade entre as empresas, já que as menores acabam por pagar mais proporcionalmente do que as empresas que produzem em volume maior. As distorções criam transtornos econômicos com reflexos potenciais no incremento do capital de giro, investimentos na produção, recursos humanos e *marketing*, ou seja, afetam a empresa por completo.

Para a AFREBRAS (2011), se a tributação fosse variável colaboraria no estabelecimento de uma equidade natural para as empresas de menor porte poderem reagir frente a um mercado oligopolizado com franja de concorrência monopolística, uma vez que o segmento de bebidas frias vive a situação de um grupo reduzido de grandes empresas coexistindo com um número expressivo de pequenas e médias empresas que disputam basicamente o mesmo mercado, com pequenas variações no quesito segmentação e nichos de mercado. Resumindo, as grandes empresas pagam proporcionalmente menos tributos do que as pequenas, isto gera significativa perda de competitividade no ambiente concorrencial beneficiando os grandes em detrimento dos menores, prejudicando a competitividade e contrariando as normativas constitucionais.

Apesar de ter tido um impacto comparativamente menor quando se trata de *lobby*, a AFREBRAS (2011) também vivencia experiências relativamente ao poder de persuasão e convencimento no Congresso Nacional, ao ser a porta-voz do movimento que culminou com algumas iniciativas legislativas no sentido da adoção de alíquota de imposto variável como estratégia para o estabelecimento de melhores condições competitivas entre as empresas do setor de bebidas frias. As reivindicações do setor foram parcialmente vitoriosas, com a edição da Medida Provisória nº 413/08, a qual proporcionou nova forma de tributação do IPI, PIS e Cofins, benéfica ao segmento. No entanto, a Medida Provisória nº 436/08, num curtíssimo espaço de tempo, adiou a mudança no sistema de cobrança tributária incidente sobre o setor, impondo um sistema de controle de vazão, conjuntamente a um sistema misto embasado no tipo de produto, no tamanho da embalagem e no valor médio cobrado ao consumidor — tema enfrentado no *capítulo 3* deste livro.

A contraposição de forças entre os dois grupos (grandes empresas X pequenas e médias) deve perdurar até que se chegue a um denominador comum que poderá consolidar-se quando prevalecer a percepção de que existe espaço para o crescimento para os dois grupos, para que todos possam crescer no mercado em igual condições, num ambiente de justiça tributária, no qual todos paguem proporcionalmente seus impostos em função da produção.

Após a apresentação das questões teóricas acerca do tema estabelecido, o presente estudo se propõe a discorrer sobre a situação prática dos mercados de refrigerantes e cervejas, com a finalidade de facilitar a compreensão do objetivo principal do capítulo que é demonstrar o poder de mercado e as práticas anticoncorrenciais exercidas pelas empresas dominantes nos referidos setores.

2.5 A "guerra das garrafas"

Ficou conhecido como Guerra das Garrafas o caso instalado a partir de uma representação à Secretaria de Direito Econômico da Associação dos Fabricantes de Refrigerante do Brasil (AFREBRAS) contra o ato anticoncorrencial praticado pela Companhia de Bebidas das Américas (AmBev).[1]

Durante mais de cem anos as empresas fabricantes de refrigerantes e cervejas compartilharam as garrafas âmbar de vidro de 600ml, até então, não havia competição direta entre os fabricantes de refrigerantes e cervejas e as garrafas eram de uso comum, ou seja qualquer marca poderia utilizar qualquer garrafa, pois, nas garrafas não havia identificação de marca.

Porém, com a fusão entre as cervejarias BRAHMA e ANTARCTICA e a criação da AmBev, a estrutura de mercado do setor cervejeiro concentrou-se acentuadamente, o que mudou o cenário competitivo do setor. A concentração no setor cervejeiro projetou-se no setor de refrigerantes também, já que as empresas líderes no segmento das cervejas são proprietárias de marcas de refrigerante com significativa participação no mercado.

As marcas regionais de refrigerantes passavam por um bom momento competitivo em relação aos produtos da AmBev. Este bom desempenho das marcas regionais pode ser atribuído a fatores como a adequação ao gosto local, tradição por representar um "gosto de infância" para muitos consumidores e boa distribuição, principalmente em regiões de difícil acesso.

A primeira conduta anticoncorrencial da AmBev se deu quando passou a grafar nas garrafas, até então de uso comum para cervejas e refrigerantes, a palavra *cerveja*. Os fabricantes regionais não protestaram de imediato, pois não estavam organizados o suficiente para isso. Além do que, a grafia da palavra *cerveja* não alterava o fato de a garrafa ser de uso comum.

---

[1] Caso debatido no I Simpósio Nacional – Concentração de Mercado, realizado em Curitiba, na Pontifícia Universidade Católica do Paraná, no dia 19 de outubro de 2010.

A segunda conduta anticoncorrencial aconteceu quando a AmBev passou a inscrever sua marca em alto-relevo nas garrafas. Isto é, a AmBev retira do mercado as garrafas lisas (sem a inscrição de sua marca e da palavra *cerveja* em alto relevo), recicla e retorna ao mercado as garrafas grafadas.

Em pouco tempo todas as garrafas do mercado teriam a marca AmBev já que a empresa possui uma parcela substancial do mercado de cervejas, o que obrigaria as outras marcas de cerveja e, principalmente, as marcas de refrigerantes regionais, que nos últimos cem anos compartilharam o uso das garrafas, a propagarem a marca AmBev. Ademais, por questões técnicas este tipo de garrafa não poderia ser usado pelas demais empresas de cerveja e refrigerantes.

Na sequencia, a AmBev pressiona os outros fabricantes para que não utilizem as garrafas grafadas com sua marca, agindo também desta forma em relação aos pontos de distribuição, imputando-lhes uma pretensa solidariedade no *uso indevido* das garrafas grafadas "AmBev" utilizadas por outros produtores.

A terceira conduta anticoncorrencial da AmBev consistiu na substituição da tradicional garrafa âmbar de 600ml por uma nova garrafa de 635ml, de fabricação própria e com sua marca grafada em alto-relevo.

Com esta atitude a AmBev recolheria as garrafas lisas de uso comum de 600ml do mercado para moê-las e retorná-las ao mercado no formato de 635ml, com sua marca grafada em alto-relevo, não permitindo aos outros fabricantes de cerveja ou de refrigerantes a utilização do vasilhame, até por questões tecnológicas, tendo em vista que a regulagem do equipamento dos concorrentes é calibrada para o envasamento com 600ml, tradicionalmente utilizado.

Desta forma, os fabricantes de refrigerantes regionais perderiam seu principal e mais importante insumo, pois a garrafa âmbar de 600ml é a embalagem mais viável para que as indústrias regionais possam competir com a própria AmBev (guaraná antarctica) e a Coca-Cola (colas). Sem as garrafas âmbar de 600ml os fabricantes regionais não teriam como competir com as grandes empresas, encaminhando-se provavelmente para o encerramento de suas atividades, gerando desemprego e concentração ainda maior do mercado e mediante restrição ao poder de escolha do consumidor, colaborando para um ambiente econômico ineficiente para o setor.

Adaptando o caso exposto ao modelo de relações sistêmicas apresentado na FIG. 1, percebe-se como o ambiente institucional inadequado permite o surgimento de um ambiente competitivo ineficiente com alta concentração de mercado, o que resulta em estratégias individuais desleais e anticoncorrenciais como a "Guerra das Garrafas", o que é prejudicial para o desempenho do setor e das regiões onde as fábricas de pequeno e médio portes estão instaladas. No capítulo anterior algumas informações da tendência atual do mercado de bebidas frias no Brasil já mostravam claras evidências de problemas de concentração de mercado neste setor.

No longo prazo, a empresa dominante adota estratégias para concentrar ainda mais o mercado (como aquisições de novas empresas e fusões) influenciando o ambiente competitivo (menos concorrência). Além de, devido ao aumento da concentração e seu poder ainda maior, conseguir influenciar os ambientes institucional, tecnológico e organizacional, o que certamente lhe dá controle das instituições e controle total do mercado.

Neste contexto se mostra a importância da intervenção estatal equilibrando as "regras do jogo" para que a concorrência prevaleça, as empresas regionais possam continuar exercendo sua função promotora do desenvolvimento em suas respectivas regiões, e o consumidor possa ter opção de escolha do produto que deseja consumir, com o melhor preço e a melhor qualidade, o que acontece apenas em um ambiente competitivo saudável.

Na Guerra das Garrafas, o Conselho Administrativo de Defesa Econômica (CADE), teve a oportunidade de se manifestar.[2] A autoridade administrativa condenou as práticas abusivas acima comentadas por considerá-las infratoras à liberdade de concorrência, especialmente por prejudicarem de forma direta e injustificável as empresas de refrigerantes e cervejas regionais, fruto das dificuldades impostas a partir do uso das embalagens (garrafas), cuja permutabilidade havia sido firmada ao longo de mais de cem anos. Ainda que exista a alternativa de utilização de outra modalidade de embalagem, como as garrafas PET e de outra metragem líquida, o impacto produzido pela Guerra das Garrafas foi considerado especialmente relevante em termos concorrenciais pela predominância da utilização das garrafas do modelo grafado em bares e restaurantes.

Referências

ASSOCIAÇÃO BRASILEIRA DOS FABRICANTES DE REFRIGERANTES (AFREBRAS). Entrevista. Guarapuava, 2011.

---

[2] CADE. Recurso Voluntário nº 08700.002874/2008-81. Recorrente: Cia de Bebidas das Américas – AMBEV. Recorrida: Secretaria de Direito Econômico.

COASE, R. H. *The Firm, the Market and the Law.* Chicago: University of Chicago Press, 1988. 217 p.

FARINA, E. M. M. Q. Competitividade e coordenação de sistemas agroindustriais: um ensaio conceitual. *Gestão & Produção*, São Carlos, v. 6, n. 3, p. 147-161, dez. 1999.

FARINA, E. M. M. Q.; AZEVEDO, P. F.; SAES, M. S. M. *Competitividade*: mercado, Estado e organizações. São Paulo: Singular, 1997. 286 p.

JOSKOW, P. L. The New Institutional Economics: Alternative Approaches. *Journal of Institutional and Theoretical Economics*, München, v. 151, n. 1, p. 248-259, 1995.

NORTH, D. *Custos de transação, instituições e desempenho econômico*. Rio de Janeiro: Instituto Liberal, 1994. 38 p.

NORTH, D. *Institutions, Institutional Change and Economic Performance*. New York: Cambridge University Press. 1990. 152 p.

NORTH, D. Institutions. *Journal of Economic Perspectives*, Minessota, v. 5, n. 3, p. 97-112, Winter 1991.

OLIVEIRA, C. A. C. N. V. *O surgimento das estruturas híbridas de governança na indústria de energia elétrica no Brasil*: a abordagem institucional da economia dos custos de transação. 1998. 207 f. Dissertação (Mestrado) – Departamento de Ciências Econômicas, Universidade Federal de Santa Catarina, Florianópolis, 1998.

SHIRLEY, M. M. *Pressing Issues for Institutional Economics*. Views from the Front Line, 12 Aug. 1997.

WILLIAMSON, O. *The Mechanism of Governance*. New York: Oxford University Press, 1996. 429 p.

ZYLBERSZTAJN, D. Economia das organizações. *In*: ZYLBERSZTAJN, D.; NEVES, M. F. (Org.). *Economia e gestão de negócios agroalimentares*. São Paulo: Pioneira, 2000. cap. 2, p. 23-38.

Informação bibliográfica deste texto, conforme a NBR 6023:2002 da Associação Brasileira de Normas Técnicas (ABNT):

ROCHA JR., Weimar Freire da; GONÇALVES JUNIOR, Carlos Alberto. Ambiente institucional no setor de bebidas frias. *In*: RIBEIRO, Marcia Carla Pereira; ROCHA JR., Weimar Freire da (Coord.). *Concorrência e tributação no setor de bebidas frias*. Belo Horizonte: Fórum, 2011. p. 45-61. ISBN 978-85-7700-513-0.

CAPÍTULO 3

DISCIPLINA LEGAL DO SETOR DE BEBIDAS FRIAS – TRIBUTAÇÃO

JAMES MARINS

CARLOS EDUARDO PEREIRA DUTRA

MARIA LUIZA BELLO DEUD

3.1 Introdução

O ciclo de produção e consumo do setor de bebidas frias tem sido objeto de forte produção legislativa fiscal específica. Embora não se possa dizer que o setor opere inteiramente sob um regime tributário próprio, é correto afirmar que esse segmento econômico está submetido a peculiar subsistema de regras tributárias, tanto sob o aspecto formal quanto material. Trata-se de modelo formalmente peculiar porque o sistema de controle de produção adotado para o setor está entre os mais avançados do mundo (sistema SICOBE), e, como consequência, demanda custosa tecnologia para sua implantação, gerando graves problemas relativos à absorção desse custo pela indústria que o suporta através de uma taxa (Taxa SICOBE), de natureza tributária. Além disso, no que concerne aos seus principais insumos, o setor sofre a incidência de tributos sobre a receita em regime monofásico, que antecipa fatos geradores e condensa alíquotas de PIS/PASEP e Cofins.

É também sistema materialmente peculiar na incidência exacional sobre a produção e o consumo (IPI e ICMS), na medida em que a realização fática e a dimensão econômica das operações do setor são identificadas e mensuradas pelos regimes de presunção legal, baseados em pautas fiscais utilizadas para balizar a substituição tributária.

Outra particularidade refere-se à expressa proibição legal — de discutível constitucionalidade — de que os fabricantes de bebidas frias formalizem sua opção de ingresso ao SIMPLES Nacional, sistema de tributação facilitado e diferenciado para micro e pequenas empresas.

Nesse capítulo, será apresentada sucintamente a descrição desses regimes legais, destacando suas singularidades tributárias e submetendo-as a juízo crítico. Para isso, será desenvolvida uma análise do ciclo de produção e consumo que envolve a fabricação das bebidas frias a partir de seu principal insumo (preparações compostas não alcoólicas, extratos concentrados ou sabores concentrados), assim como a produção e aquisição de embalagens destinadas ao envasamento dessas bebidas.[1]

3.1.1 A tributação das bebidas frias pelas contribuições PIS/PASEP e Cofins, IPI e ICMS

O sistema tributário brasileiro vem migrando, paulatinamente, da generalidade da incidência para o particularismo setorial. Grandes setores de consumo massificado e de produção concentrada de bens (como veículos, cigarros, combustíveis, entre outros) tem sido objeto de regimes fiscais próprios. Isso ocorre tanto no âmbito da competência tributária da União (sobretudo com o PIS/PASEP e Cofins e com o IPI), como na dos Estados (com o ICMS).[2]

Para facilitar a compreensão quanto à tributação incidente no setor de bebidas frias, optou-se em dividir a análise de acordo com o regime aplicável, tendo em vista a existência de regime geral, previsto no art. 58-A, e de regime especial, previsto no art. 58-J e seguintes, ambos da Lei nº 10.833/2003.

Também com o propósito de tornar mais clara a descrição desse complexo regime, a análise tomará por base a FIG. 1, que demonstra a cadeia de circulação comumente adotada nesse setor:

---

[1] Ressalte-se, ainda, que a tributação incidente nos produtos comercializados na Zona Franca de Manaus será analisada no capítulo seguinte desta obra.

[2] Sobre classificação e conceito dos tributos veja-se: COSTA, Regina Helena. *Curso de direito tributário*: Constituição e Código Tributário Nacional. São Paulo: Saraiva, 2009.

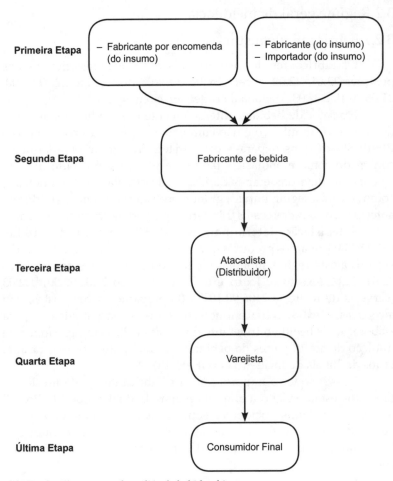

FIGURA 1 – Fluxograma da cadeia de bebidas frias

Levando-se em consideração o Fluxograma acima representado pela FIG. 1, passa a segregar as circulações dos produtos mencionados no art. 58-A, analisando a incidência das contribuições PIS/PASEP, Cofins, PIS/PASEP-Importação, Cofins-Importação, bem como do IPI e ICMS.

3.2 Regime geral de incidência

3.2.1 Fabricante de insumos

Os fabricantes de insumos dos produtos classificados nas posições 22.01, 22.02, exceto Ex 01 e Ex 02 do Código 22.02.90.00, 21.06.90.10 e 22.03, 1ª etapa da cadeia de circulação.

No setor de bebidas, diferentemente dos conhecidos regimes de apuração cumulativo e não cumulativo, típicos das contribuições PIS/PASEP e Cofins, depara-se com um terceiro regime, popularmente conhecido como monofásico, tendo em vista que o tributo incidirá apenas em uma das etapas da cadeia de circulação. A monofasia, como se verá a seguir, implica grande pressão fiscal sobre a produção, antecipando elevados custos tributários que pertenceriam ao consumo.[3]

A legislação determinou, no art. 58-A e seguintes da Lei nº 10.833/03, quais os produtos que, importados ou fabricados, estarão sujeitos a esse regime monofásico, sendo os constantes das posições 22.01, 22.02 (exceto os Ex 01 e Ex 02 do Código 22.02.90.00),[4] 22.03 (cervejas de malte) e 2106.90.10 Ex 02 preparações compostas, não alcoólicas — extratos concentrados ou sabores concentrados —, para elaboração de bebida refrigerante do Capítulo 22, com capacidade de diluição de até 10 partes da bebida para cada parte do concentrado, todos da Tabela de Incidência do IPI (TIPI).

Desse modo, o importador ou o fabricante de algum desses produtos estará sujeito à alíquota majorada de 3,5% de PIS/PASEP e 16,65% de Cofins, incidentes sobre a receita bruta obtida com a venda dessas mercadorias. São alíquotas extremamente altas, que "concentram" várias etapas de incidência no topo do ciclo de produção-consumo.

Interessante mencionar que, diferentemente do que ocorre com as contribuições PIS/PASEP e Cofins no regime não cumulativo,

---

[3] Nesse sentido confiram-se as doutrinas de: BORGES, José Souto Maior. As contribuições sociais (PIS/COFINS) e a jurisprudência do STF. *Revista Dialética de Direito Tributário*, n. 118; PETRY, Rodrigo Caramori. *Contribuições PIS/PASEP e COFINS*: limites constitucionais da tributação sobre o "faturamento", a "receita" e a "receita operacional" das empresas e outras entidades no Brasil. São Paulo: Quartier Latin, 2009; KONKEL JR., Nicolau. *Contribuições sociais*: doutrina e jurisprudência. São Paulo: Quartier Latin, 2005; MELO, José Eduardo Soares de. *Contribuições sociais no sistema tributário*. 3. ed. São Paulo: Malheiros, 2000.

[4] No que se refere às posições 22.01 e 22.02, tanto o regime geral quanto o regime especial, aplica-se exclusivamente em relação à água, refrigerantes, refrescos, cerveja sem álcool, repositores hidroeletrolíticos e compostos líquidos prontos para o consumo que tenham como ingrediente principal inositol, glucoronolactona, taurina ou cafeína.

no monofásico está previsto expressamente, ainda que no Decreto Regulamentador nº 6.707/08 (art. 15, §2º) a exclusão do IPI da base de cálculo das referidas contribuições.[5]

O IPI, por sua vez, incidirá — conforme a alíquota constante da sua tabela — sobre o valor da operação, podendo chegar, em alguns casos como a cerveja de malte (posição 22.03), à alíquota de 40%.

Quando o produto for vendido para o encomendante, para atacadista ou ainda para varejista, o IPI será suspenso na saída do importador ou do estabelecimento industrial.

Já no que se refere ao ICMS, a Lei Complementar nº 87/96, conhecida como Lei Kandir, prevê a possibilidade da legislação estadual atribuir a responsabilidade a terceiros pelo pagamento do imposto devido pelo contribuinte, quando os atos ou omissões daqueles concorrerem para o não recolhimento do tributo.

O Protocolo ICMS nº 11/91, com as alterações promovidas pelos Protocolos nº 04/98 e nº 28/03, que dispõe sobre a substituição tributária nas operações com cerveja, refrigerantes,[6] água mineral ou potável e gelo, classificados nas posições 2201 a 2203 da NBM/SH e também às operações de xarope ou extrato concentrado classificados no código 2106.90.10, atribuiu ao estabelecimento industrial, importador, arrematante de mercadorias importada e apreendida ou engarrafador de água, na qualidade de sujeito passivo por substituição, a responsabilidade pela retenção e recolhimento do imposto relativo às operações subsequentes. Hipótese típica da denominada substituição tributária "para frente", que se constitui em técnica arrecadatória econômica onerosa e juridicamente criticada.[7]

---

[5] Quanto ao ICMS não há previsão de exclusão expressa, mas lembramos que atualmente está em discussão no STF, por meio do RE nº 240.785 e ADC nº 18, a constitucionalidade da inclusão do ICMS na base de cálculo das contribuições PIS/PASEP e Cofins.

[6] Equiparam-se a refrigerante as bebidas hidroeletrolíticas (isotônicas) e energéticas, classificadas nas posições 2106.90 e 22.02.90.

[7] Para Roberto Ferraz: "O que importa destacar é que o instrumento tributário que pretende eliminar a distorção de concorrência, isto é, a substituição tributária aliada neste caso ao medidor de vazão, pode tornar-se ele mesmo um forte elemento causador de distorção de concorrência.
    As metodologias de fixação de pauta fiscal para fim de cobrança de tributos mediante substituição tributária tomam por base a média de preços de certo produto no mercado.
    Ora, no caso dos refrigerantes, *a utilização da média constitui uma enorme barreira à concorrência* pois submete os pequenos fabricantes à tributação pelo preço dos grandes" (FERRAZ, Roberto. O consumo, a concorrência e as distorções da substituição tributária (para frente). *In*: ROCHA, Valdir de Oliveira (Coord.). *Grandes questões atuais do direito tributário*. São Paulo: Dialética, 2005. p. 377).

O ICMS será calculado mediante a aplicação da alíquota vigente para as operações internas, no Estado de destino da mercadoria, sobre o preço máximo de venda a varejo fixado pela autoridade competente, deduzindo-se, do valor obtido, o imposto devido pelo industrial, importador, arrematante ou engarrafador, ou pelo distribuidor, depósito ou estabelecimento atacadista.[8]

3.2.1.1 A importação dos produtos das posições constantes do *caput* do art. 58-A

Quando os produtos constantes das posições anteriormente mencionadas forem objeto de importação serão devidas as Contribuições PIS/PASEP-Importação e Cofins-Importação incidentes sobre o valor aduaneiro, aplicando-se as alíquotas de 2,5% para PIS/PASEP-Importação e 11,9% para Cofins-Importação.

Em que pese o art. 15 da Lei nº 10.865/2004 permitir o desconto de crédito em relação aos produtos importados, parece que as contribuições em questão não se sujeitam ao regime não cumulativo, nem tampouco incidem sobre mais de uma etapa de circulação, que não a importação de bens e/ou serviços.

Desse modo, parece desarrazoada a aplicação de alíquotas majoradas quando da importação dos produtos objeto do presente estudo, tendo em vista que a elevada alíquota incide nas situações de monofasia, o que se justifica apenas em relação àqueles tributos que costumam incidir em mais de uma etapa da cadeia de circulação. Ora, a importação e a incidência das contribuições sobre esta operação ocorrem em um momento único, tornando injustificável a majoração de alíquotas como se de monofasia apenas se tratasse.

A incongruência da adoção do regime majorado para essas contribuições fica ainda mais evidente quando nos deparamos, nos arts. 16 e 18 do Decreto nº 6.707/2008, com a possibilidade de desconto de crédito de PIS/PASEP e Cofins sobre o bem importado utilizado como insumo na fabricação dos itens constantes das posições anteriormente referidas (art. 18 do 'Decreto nº 6.707/08). Isso porque permite-se a tomada de crédito à razão de apenas 1,65% para PIS/PASEP e 7,6% para Cofins.

---

[8] Será deduzido do imposto a pagar, o ICMS devido pelo distribuidor, depósito ou estabelecimento atacadista quando a operação interestadual for realizada por tais sujeitos, a substituição caberá ao remetente da mercadoria, mesmo que o imposto já tenha sido retido anteriormente, conforme cláusula terceira do Protocolo nº 11/91.

Para que pudesse existir equilíbrio nessa equação, o desconto do crédito deveria ser, no mínimo, no mesmo montante da alíquota aplicada quando da importação, o que não acontece, tal qual ocorre em relação à aquisição para revenda (art. 17, do Decreto nº 6.707/08). Sobre a importação irá incidir também o IPI, aplicando-se a alíquota prevista na TIPI, sobre o valor da operação de que decorrer a saída do produto.

Já no que se refere ao ICMS, este será devido no desembaraço aduaneiro de mercadorias ou bens importados do exterior, tendo como base de cálculo a soma das seguintes parcelas: o valor da mercadoria ou bem constante dos documentos de importação; imposto de importação; imposto sobre produtos industrializados; imposto sobre operações de câmbio; quaisquer outros impostos, taxas, contribuições e despesas aduaneiras.

Vale destacar que alguns Estados preveem em seus Regulamentos de ICMS a suspensão do pagamento do imposto devido pelo estabelecimento industrial que realizar a importação de bem ou mercadoria por meio de seus portos, quando da aquisição de matéria-prima, material intermediário ou secundário, inclusive material de embalagem, para ser utilizado em seu processo produtivo, como ocorre no Estado do Paraná.[9]

3.2.1.2 Da produção/fabricação por encomenda

Cabe ressaltar que, conforme prevê o parágrafo único do art. 58-A da Lei nº 10.833/03, quando a fabricação dos produtos anteriormente mencionados se der por encomenda, o encomendante será responsável solidário, em conjunto com o fabricante, pelo recolhimento das contribuições em questão.

Em relação ao IPI, quando for hipótese de responsabilização, o Imposto será cobrado sobre 140% do valor da operação.

Para fins da tributação do ICMS, valem as regras previstas para as operações comuns, ou seja, aquelas em que se adquire as mercadorias de fabricantes independentemente de estarem sob encomenda ou não.

---

[9] Art. 629, RICMS-PR.
Em relação a estas aquisições, o pagamento do imposto suspenso será efetuado por ocasião da saída dos produtos industrializados, podendo o estabelecimento industrial escriturar em conta-gráfica, no período em que ocorrer a respectiva entrada, um crédito correspondente a 75% do valor do imposto devido, até o limite máximo de 9% sobre o valor da base de cálculo da operação de importação, e que resulte em carga tributária mínima de 3%.

3.2.2 Da venda por atacadista ou varejista

Em observância ao regime monofásico, o art. 58-B da Lei nº 10.833/03 prevê que a receita auferida pelos atacadistas e varejistas, na venda dos produtos em questão, será tributada à alíquota zero de PIS/PASEP e Cofins. Interessante mencionar que o mesmo art. 58-B excetua dessa regra as pessoas jurídicas optantes pelo SIMPLES. Ocorre que, desde o final de 2008, existe vedação expressa à inclusão no SIMPLES em empresas dedicadas à produção ou à venda no atacado de bebidas alcoólicas, refrigerantes, preparações compostas e cervejas sem álcool, conforme cristalina redação do art. 17, X, "b", da Lei Complementar nº 123/2006, com redação dada pela Lei Complementar nº 128, de 19 de dezembro de 2008.[10]

No que se refere ao IPI, o comercial atacadista e o varejista que adquirirem os produtos em comento diretamente de estabelecimento industrial, de importador ou diretamente de encomendante, são equiparados a industrial para efeito de apuração do imposto, estando sujeitos, portanto, à incidência de IPI, tal qual o industrial anteriormente analisado, mesmo quando da simples revenda dos produtos objeto do presente estudo. Tal equiparação, sob nosso ponto de vista, é inconstitucional, uma vez que à Lei é vedado criar equiparações que não estejam previstas na Constituição Federal, nos termos do art. 153, IV, e que extrapolem o limite da competência material da União para a instituição do IPI.

Já no que se refere ao ICMS a cláusula terceira do Protocolo ICMS nº 11/91 estabelece que no caso de operação interestadual realizada pelo estabelecimento *atacadista* com as mercadorias classificadas nas posições 2201 a 2203, 2106.90.10 NBM/SH, a substituição tributária caberá ao remetente, mesmo que o imposto já tenha sido retido anteriormente, observadas, entretanto, duas situações:

(i) Caso o imposto já tenha sido retido, o estabelecimento atacadista emitirá nota fiscal para efeito de ressarcimento, junto ao estabelecimento que efetuou a primeira retenção, do valor do imposto retido em favor do Estado de destino;

(ii) O estabelecimento destinatário da nota fiscal poderá deduzir, do próximo recolhimento ao Estado a favor do qual foi feita a primeira retenção, a importância correspondente ao imposto anteriormente retido.

---

[10] Sobre a inconstitucionalidade dessa vedação, veja-se nossos comentários no item "Da vedação ao ingresso no SIMPLES Nacional" mais adiante.

3.2.3 Do fabricante de bebidas frias que adquire bens sujeitos a monofasia, notoriamente a preparação composta constante da posição 21.06.90.10 Ex 02 da TIPI (2ª etapa da cadeia de circulação)

Como visto anteriormente, a comercialização dos produtos referidos no *caput* do art. 58-A, anteriormente analisado, está sujeita, no regime geral, à alíquota comum de IPI e a alíquotas concentradas de PIS/PASEP e Cofins, bem como de PIS/PASEP-Importação e Cofins-Importação, se forem objeto de importação.

Desse modo, o fabricante das bebidas frias que adquire, por exemplo, a preparação composta constante do Ex 02 da posição 21.06.90.10 estará sujeito, quando da comercialização de seu produto final, à alíquota majorada de PIS/PASEP e Cofins, estando classificado dentre uma das NCMs objeto do presente estudo.

Ocorre que, em muitos casos, os fabricantes de bebidas frias, dentre os diversos insumos que utilizam, acabam por adquirir de terceiros as preparações compostas utilizadas na fabricação de bebidas, classificadas na posição 2106.90.10 Ex 02 da TIPI.

Essas preparações estão sujeitas à tributação sob alíquota majorada, ou seja, regime monofásico. Sendo insumo na fabricação de bebida e não bem para revenda, essa preparação sofrerá transformação, passando a ser tratada com outra NCM quando de sua venda, muito provavelmente alguma das NCMs constantes do Capítulo 22.02 (refrigerantes, dentre outros).

Dúvida poderia surgir ao intérprete quanto à necessidade de se tributar novamente a alíquota majorada do regime monofásico, mas dessa vez em relação à bebida fria, por exemplo, refrigerante.

Primeiramente devemos ter em mente que o regime monofásico assim o é em relação a um bem ou produto determinado. Observe-se, por exemplo, a cerveja de malte, classificada no Capítulo 22.03 da TIPI. Esta bebida sofrerá a incidência das contribuições PIS/PASEP e Cofins sob alíquota majorada apenas quando de sua saída do fabricante, não mais incidindo as referidas contribuições nas etapas seguintes da cadeia de circulação, sob pena de ofensa à sistemática da monofasia.

Diferente é o que ocorre em relação aos fabricantes de bebidas frias que adquirem as preparações compostas, de terceiros, transformando-as, em conjunto com outros insumos, nas bebidas constantes do Capítulo 22.02 da TIPI. Nesse caso, a leitura fria da lei, remete à conclusão de que a receita bruta auferida com a venda dessas bebidas será tributada novamente à alíquota majorada de 3,5% e 16,65% de PIS e Cofins, respectivamente.

Hipóteses como essa exemplificam que a generalização do todo pela parte acaba por criar distorções, que devem ser sanadas, sob pena de ofensa aos princípios constitucionais. O fabricante que não produz sua própria preparação composta arca com o valor de PIS e Cofins pago pelo fabricante da preparação, devendo tributar, sob a mesma alíquota, a receita que aufere com a venda das bebidas que produz.

Parece-nos que a solução para correção dessa distorção está em permitir, por expressa disposição legal, o creditamento dos valores pagos a título de PIS e Cofins na etapa anterior, tal qual se permite quando da aquisição de insumos importados, mas aplicando-se, para apuração do crédito, a alíquota da monofasia.

O IPI incidente nessa operação será exigido nos mesmos moldes da operação realizada pelo fabricante da preparação composta, modelo já analisado linhas atrás.

No ICMS, por sua vez, o Protocolo nº 11/91 equipara as operações com xarope ou extrato concentrado, classificado no Código 2106.90.10 da Nomenclatura Brasileira de Mercadorias, Sistema Harmonização (NBM/SH), destinado ao preparo de refrigerantes em máquina pre-mix ou post-mix, aplicando-lhes o regime da substituição tributária e demais normas já salientadas acima.

3.2.4 Das demais etapas da cadeia de circulação

Em relação às demais etapas da cadeia de circulação (fábrica-varejista e varejista-consumidor), aplicam-se as conclusões expostas no tópico específico, *supra*.

3.2.5 Resumo

Diante dos comentários em relação ao regime geral, segue abaixo quadro explicativo:

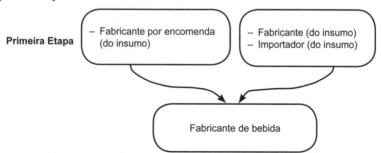

FIGURA 2 – Fluxograma da 1ª etapa da cadeia referente ao comércio das preparações compostas

Na saída do produto nacional:
PIS/PASEP e Cofins: monofásico, alíquotas 3,5% e 16,66% sobre a receita bruta.
IPI: alíquota da TIPI. Suspenso quando destinado ao comerciante, atacadista e varejo.
ICMS: substituição tributária. Imposto devido pelo fabricante.

Na hipótese de importação:
IPI na importação: alíquota prevista na TIPI sobre o valor da operação de que decorrer a saída do produto.
ICMS na importação: será devido no desembaraço aduaneiro. Alguns estados (PR, por exemplo) preveem suspensão e outorgam créditos presumidos.
PIS/PASEP-Importação e Cofins-Importação: Monofásico, alíquotas de 2,5% e 11,9% sobre o valor aduaneiro.

Na hipótese de encomenda:
PIS/PASEP e Cofins: Monofásico, alíquotas 3,5% e 16,66% sobre a receita bruta (responsabilidade solidária do encomendante).
IPI: quando houver responsabilização, a base de cálculo será calculada sobre 140% do valor da operação.
ICMS: incide normalmente.

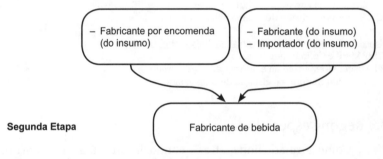

FIGURA 3 – Fluxograma da 2ª etapa da cadeia referente ao comércio das preparações compostas

Na entrada no estabelecimento do fabricante de bebidas:
PIS/PASEP e Cofins: aquisições no regime monofásico não permitem o creditamento.
IPI: crédito derivado do regime não cumulativo.
ICMS: crédito derivado do regime não cumulativo.
ICMS na importação: alguns estados permitem a apuração de crédito presumido na importação.
PIS/PASEP-Importação e Cofins-Importação: crédito à alíquota de 1,65% e 7,6%.

Na saída do estabelecimento do fabricante de bebidas:
PIS/PASEP e Cofins: monofásico, alíquotas 3,5% e 16,66% sobre a receita bruta.
IPI: alíquota da TIPI. Suspenso quando destinado ao comerciante, atacadista e varejo.
ICMS: substituição tributária. Imposto devido pelo fabricante.

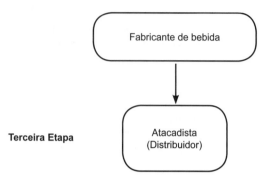

FIGURA 4 – Fluxograma da 3ª etapa da cadeia referente ao comércio das bebidas frias já elaboradas

Na entrada no estabelecimento do atacadista de bebidas:
PIS/PASEP e Cofins: aquisições no regime monofásico não permitem o creditamento.
IPI: crédito derivado do regime não cumulativo, já que há equiparação ao industrial para fins de incidência do Imposto (art. 58-H, §2º, da Lei nº 10.833/03).
ICMS: crédito derivado do regime não cumulativo.

Na saída do estabelecimento do atacadista de bebidas:
PIS/PASEP e Cofins: alíquota zero.
IPI: suspenso em razão da equiparação à industrial.
ICMS: incide conforme legislação de cada Estado.

3.3 Regime especial

Como afirmado linhas atrás, quando da introdução, existem dois regimes de tributação de bebidas frias, sendo um denominado geral e outro denominado Regime Especial de Tributação das Bebidas Frias, também conhecido como REFRI.

Esse regime é opcional e substitutivo do regime geral. A opção, que é ato formal do contribuinte, pode ser exercida a qualquer tempo, produzindo efeitos a partir do primeiro dia do mês subsequente, sendo suas prorrogações automáticas.

Evidentemente que essa "opcionalidade" implica certos problemas, especialmente em razão de seu descolamento com a Constituição e a proibição (inconstitucional) de que o contribuinte acorra ao Poder Judiciário para discutir o regime especial. Além disso, o regime geral é de tal modo insuportável que a opção jurídica pela adesão torna-se uma obrigatoriedade econômica.

Tal qual foi feito em relação ao regime geral, cumpre-nos tecer nossos comentários em relação ao regime especial em questão, adotando, do mesmo modo, o fluxograma que representa a cadeia de produção e circulação das bebidas frias (FIG. 1).

O referido regime está previsto no art. 58-J e seguintes da Lei nº 10.833/03 sendo aplicável às pessoas jurídicas que industrializem algum dos produtos referidos no art. 58-A, ou seja, águas, refrigerantes, cervejas de malte, preparações compostas, dentre outros produtos, que passam a sofrer a tributação das contribuições PIS/PASEP e Cofins e do IPI, mediante alíquotas fixas em função do valor-base, que será expresso em reais ou reais por litro, discriminado por tipo de produto e por marca comercial e definido a partir do preço médio de venda que, no seu cálculo, leva em consideração uma série de itens.

Em que pese as contribuições PIS/PASEP e Cofins não estarem sujeitas à chamada essencialidade (típica do IPI), a análise da composição do preço médio do regime especial nos leva a crer que o legislador optou por tributar de modo diverso as bebidas, seja criando o regime monofásico, seja estabelecendo critérios próprios no regime especial

A definição de alíquotas majoradas, em observância ao regime monofásico, bem como a criação de regime especial, parece-nos ferir preceitos constitucionais, dentre eles o da proporcionalidade, isonomia e capacidade contributiva. Isto porque, no que se refere ao regime monofásico, por exemplo, a tributação incide em momento anterior à efetiva realização do fato econômico (devendo levar-se em consideração que tal fato poderá até não ocorrer). Nessa hipótese, estar-se-á diante de problemas econômicos que prejudicam o desenvolvimento da atividade, sobretudo afetando o capital de giro e o fluxo de caixa de pequenas e médias empresas.

As brutais alíquotas previstas na legislação para tais operações chegam às raias do efeito confiscatório, o que é inadmissível e contrário aos princípios tributários do não confisco, da isonomia e da capacidade contributiva.

Em relação à composição do preço médio no regime especial de bebidas frias, o legislador optou por segregar os valores em razão da marca, utilizando-se do chamado preço de referência.

O preço de referência das marcas comerciais, por litro, utilizado na apuração do valor-base, é calculado a partir de seus preços médios de venda, que por sua vez é obtido utilizando-se o preço no varejo obtido em pesquisa de preços realizada por instituição de notória especialização e divulgado pelas administrações tributárias dos Estados e do Distrito Federal, e o preço praticado pelo importador ou pela pessoa jurídica industrial ou, quando a industrialização se der por encomenda, pelo encomendante.

O preço de referência pode ser calculado por grupo de marcas comerciais levando-se em consideração o tipo de produto, a faixa de preço, e o tipo de embalagem.

O valor-base que será expresso em reais por litro pode ser definido mediante a aplicação de coeficiente de até 70% sobre o preço de referência calculado com base nos mesmos elementos utilizados para fixar o preço médio de venda no varejo,[11] a partir do preço de referência calculado pela média do preço praticado pelo importador ou pela pessoa jurídica industrial.

Observe-se, desse modo, que o preço de referência leva em consideração, para fins de tributação, o produto em si, adotando a chamada alíquota *ad rem*, mas também o preço do produto, ou seja, alíquota *ad valorem*. Em verdade é um sistema misto, mas com predomínio da alíquota *ad rem*. Isso quer significar que a tributação não se dá toda sobre o preço praticado pelo produtor, mas sim o volume por ele produzido. Essa sistemática de cálculo pode levar a distorções no que se refere à carga tributária, pois aquele produtor que possui capacidade de comercializar seu produto a um preço mais elevado estará sujeito a uma carga tributária menor do que aquele produtor que comercializa seus produtos a um preço reduzido, isso porque a tributação, nesse regime, tem como um de seus elementos o volume de litros produzido.

A justificativa para implantação desse sistema é a redução da sonegação fiscal, no entanto, não pode tal justificativa se sobrepor ao princípio da capacidade contributiva. Ressalte-se, ainda no que se refere a esse tema, que a implantação do mecanismo de medidores de vazão já nos parece ser mecanismo suficiente à redução da sonegação fiscal. O que agrava ainda mais a questão é o fato de que as alíquotas *ad valorem*, praticadas no regime monofásico, são tão elevadas que forçam a adesão ao regime especial. Nesse sentido já se manifestaram Sacha Calmon Navarro Coelho e Misabel Abreu Machado Derzi que afirmaram: "alíquotas elevadas '*ad valorem*' para forçar a adesão à chamada alíquota específica, menos gravosa, nos parece expediente juridicamente dúbio e política tributária condenável".[12]

De qualquer modo, ainda que existam pontos controversos, o optante pelo regime especial a que faz referência o art. 58-J e seguintes da Lei nº 10.833/03 está proibido de ajuizar ação questionando os termos deste regime especial, sob pena de exclusão do regime, conforme prevê

---

[11] Preço no varejo obtido em pesquisa de preços realizada por instituição de notória especialização e divulgado pelas administrações tributárias dos Estados e do Distrito Federal.

[12] COELHO, Sacha Calmon Navarro; DERZI, Misabel Abreu Machado. A Emenda Constitucional n. 33/01 e a alíquota específica no ICMS. *Revista Dialética de Direito Tributário*, n. 90, p. 114-123.

o §13º do art. 58-J da Lei nº 10.833/03. Esta proibição, no entanto, é indiscutivelmente inconstitucional, pois ofende diretamente o princípio da inafastabilidade da tutela jurisdicional (art. 5º, XXXV, da CF/1988).[13]

3.3.1 Fabricante dos produtos classificados nas posições 22.01, 22.02 (exceto Ex 01 e Ex 02 do Código 22.02.90.00), 21.06.90.10 e 22.03 (1ª etapa da cadeia de circulação)

Conforme afirmado anteriormente, o chamado REFRI é regime opcional que se aplica à pessoa jurídica que industrializa ou importa os produtos de que trata o *caput* do art. 58-A, mediante o recolhimento de valores calculados em razão do preço médio do produto.

O referido regime atinge apenas as contribuições PIS/PASEP e Cofins, bem como o IPI, não estando inseridos nesse regime, portanto, as contribuições PIS/PASEP-Importação e Cofins-Importação.

Quando não for possível identificar o produto vendido, visto que o controle é realizado, pela RFB, produto a produto, as Contribuições PIS/PASEP e Cofins incidirão à alíquota majorada prevista para o regime geral monofásico. Em relação ao IPI, quando não for possível identificar a saída do produto, incidirá a alíquota prevista em sua tabela de incidência. Em verdade a redação do inciso I do §11 do art. 58-J não é clara, aliás, como também não são claros muitos dos dispositivos referentes à tributação do setor de bebidas.

Observe-se que a redação do referido dispositivo determina a aplicação da maior alíquota prevista para os produtos de que trata o art. 58-A da Lei nº 10.833/03, sem considerar tratar-se da alíquota do produto do qual não se pode identificar a saída, ou do produto com a maior alíquota do IPI, dentre os listados no *caput* do art. 58-A.

Parece-nos que o objetivo do legislador, nessa hipótese, não é punir o contribuinte, pois se assim o fosse, aplicaria alíquotas maiores ainda do que as aplicáveis quando da impossibilidade de identificação do produto vendido, no caso das contribuições PIS/PASEP e Cofins.

Em resumo, tendo o fabricante dos produtos, mencionados no título deste item, optado pelo regime especial de que trata o art. 58-J e seguintes da Lei nº 10.833/03, estará sujeito ao recolhimento das contribuições PIS/PASEP e Cofins, sobre o chamado preço de referência,

---

[13] Art. 5º, XXV da CF/1988: (...) "XXXV – a lei não excluirá da apreciação do Poder Judiciário lesão ou ameaça a direito".

cujo cálculo já foi analisado quando dos comentários ao item anterior "Regime Especial".

No regime especial, as alíquotas do IPI, conforme prevê o artigo 26 do Decreto nº 6.707/08, estão dispostas no Anexo II do referido Decreto, na qual destacamos:

NCM (TIPI)	ALÍQUOTA
2106.90.10 Ex 02	10%
2201.10.00	5%
2202.10.00	10%
2203.00.00	15%

Por fim, cumpre identificar a forma de cálculo do IPI no regime especial, conforme estabelece o artigo 27 do Decreto nº 6.707/08.

Os valores do IPI devidos pela pessoa jurídica optante, por litro de produto, são os constantes do Anexo III do Decreto supramencionado, levando-se em conta que o valor por litro dos tributos é obtido pela multiplicação do valor-base em reais por litro, pelas alíquotas dispostas no artigo 26 e Anexo II.

Para efeitos do cálculo do IPI devidos em cada período de apuração, a pessoa jurídica optante pelo regime especial deverá multiplicar a quantidade comercializada, em litros, pelo respectivo valor constante do citado Anexo III.

Ainda, conforme §4º do artigo 27, nas situações em que determinada marca comercial não estiver expressamente listada no Anexo III, será adotado o menor valor dentre os listados para o tipo de produto a que se referir.

Esquematicamente, a operação no regime especial fica assim demonstrada:

Industrial ou Importador Responsável – NCM 2201.10.00 – alíquota 5% – quantidade em litros 1.000.000 – preço de referência R$0,9111 – Cálculo do IPI a recolher: (0,9111 X 50%)[14] X 5% = 0,0228 – Adquirente.

---

[14] O valor-base representa 50% do preço de referência, conforme determina a nota explicativa nº 2, da Tabela I, do Anexo III do Decreto nº 6.707/08.

3.3.1.1 A importação dos produtos das posições constantes do *caput* do art. 58-A

Conforme os comentários anteriores, as contribuições PIS/PASEP-Importação e Cofins-Importação não foram albergadas no regime especial. Desse modo, incidirão de acordo com o previsto quando do regime geral, ou seja, sob alíquota majorada de 2,5% para PIS/PASEP-Importação e 11,9% para Cofins-Importação, cabendo aqui as mesmas críticas tecidas no item "A importação dos produtos das posições constantes do *caput* do art. 58-A", do presente trabalho.

Quando da importação pelo regime especial, o IPI incidirá sobre os produtos de procedência estrangeira no desembaraço aduaneiro e na saída do estabelecimento importador equiparado a industrial.

3.3.1.2 Da produção/fabricação por encomenda

Na industrialização por encomenda, a opção de aderir ao regime especial compete ao encomendante que, assim o fazendo, estará sujeito às regras do referido REFRI.

Há relevante discussão judicial no que se refere ao imposto que deverá incidir quando da fabricação por encomenda das embalagens, questão que está sob o crivo do Supremo Tribunal Federal para decidir se incidirá o imposto de competência dos Estados, o ICMS, ou o imposto de competência dos Municípios, o ISS. Este tema será tratado no item "A Importação das embalagens para envasamento das bebidas constantes das posições 22.01, 22.02 e 22.03 da TIPI", nas páginas seguintes.

3.3.2 Da venda por atacadista ou varejista

Mesmo no regime especial a venda por comerciante atacadista ou varejista será tributada à alíquota zero de PIS/PASEP e Cofins, conforme prevê o art. 58-J em seu §10.

Já em relação ao IPI, não há previsão de equiparação tal qual ocorre no regime geral. Desse modo, não estando, para fins de regime especial, equiparado à industrial, a revenda por atacadistas e varejistas não estará sujeita a incidência de IPI, por não realizar operação de industrialização.

3.3.3 Do fabricante de bebidas frias que adquire bens sujeitos a monofasia, notoriamente a preparação composta constante da posição 21.06.90.10 Ex 02 da TIPI (2ª etapa da cadeia de circulação)

O fabricante de bebidas frias que optar pelo regime especial, tal como vimos no tópico anterior, estará sujeito ao recolhimento das contribuições PIS/PASEP e Cofins, calculados com base no chamado preço de referência, conforme vimos anteriormente.

Da mesma forma, em relação ao IPI, consoante já referido linhas atrás.

Aqui também persiste a dúvida quanto à possibilidade de creditamento dos insumos adquiridos, seja de contribuinte sujeito ao regime monofásico, seja de contribuinte sujeito ao regime especial, cabendo, mais uma vez, o esclarecimento, por meio de lei.

Vale lembrar, no entanto, que optando pelo regime especial, a empresa poderá descontar créditos em relação ao valor das contribuições estabelecidas nos incisos I a III do art. 51, referente às embalagens que adquirir.

3.3.4 Das demais etapas da cadeia de circulação

Em relação às demais etapas da cadeia de circulação (fábrica-varejista e varejista-consumidor), aplicam-se as conclusões expostas quando do item acima "Da venda por atacadista ou varejista".

3.3.5 Resumo

Diante dos comentários em relação ao regime geral, segue abaixo quadro explicativo:

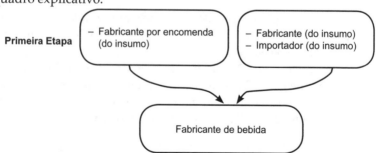

FIGURA 5 – Fluxograma da 1ª etapa da cadeia referente ao comércio das preparações compostas no Regime Especial

Na saída do produto nacional:
PIS/PASEP e Cofins: recolhe por unidade de produto, expressos em reais ou reais por litro.
IPI: recolhe por unidade de produto, expressos em reais ou reais por litro.
ICMS: substituição tributária. Imposto devido pelo fabricante.

Na hipótese de importação:
IPI na importação: alíquota prevista na TIPI sobre o valor da operação de que decorrer a saída do produto.
ICMS na importação: será devido no desembaraço aduaneiro. Alguns estados (PR, por exemplo) preveem suspensão e outorgam créditos presumidos.
PIS/PASEP-Importação e Cofins-Importação: monofásico, alíquotas de 2,5% e 11,9% sobre o valor aduaneiro.

Na hipótese de encomenda:
PIS/PASEP e Cofins: se o encomendante manifestar sua opção, os produtos serão tributados de acordo com o regime especial.
IPI: se o encomendante manifestar sua opção, os produtos serão tributados de acordo com o regime especial.
ICMS: incide normalmente.

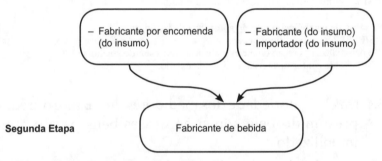

FIGURA 6 – Fluxograma da 2ª etapa da cadeia referente ao comércio das preparações compostas no Regime Especial

Na entrada no estabelecimento do fabricante de bebidas:
PIS/PASEP e Cofins: indefinição quanto ao creditamento.
ICMS: crédito derivado do regime não cumulativo.
ICMS na importação: alguns estados permitem a apuração de crédito presumido na importação.
PIS/PASEP-Importação e Cofins-Importação: crédito à alíquota de 1,65% e 7,6%.

Na saída do estabelecimento do fabricante de bebidas:
PIS/PASEP e Cofins: recolhe por unidade de produto, expressos em reais ou reais por litro.
IPI: recolhe por unidade de produto, expressos em reais ou reais por litro.
ICMS: substituição tributária. Imposto devido pelo fabricante.

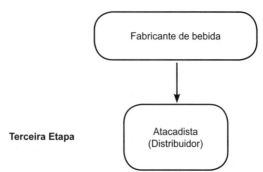

FIGURA 7 – Fluxograma da 3ª etapa da cadeia referente ao comércio das bebidas frias já elaboradas no Regime Especial

Na entrada no estabelecimento do atacadista de bebidas:
PIS/PASEP e Cofins: indefinição quanto ao creditamento.
IPI: por adquirir bens para revenda e não MP, ME, PI, não desconta crédito.
ICMS: crédito derivado do regime não cumulativo.

Na saída do estabelecimento do atacadista de bebidas:
PIS/PASEP e Cofins: alíquota zero.
IPI: não realiza operação de industrialização, não estando sujeito ao IPI.
ICMS: incide conforme legislação de cada Estado.

3.4 Da obrigatoriedade dos medidores de vazão e o crédito presumido pela aquisição desses bens para o ativo imobilizado

Independentemente da opção quanto ao regime especial, as pessoas jurídicas que industrializem alguma das mercadorias previstas no *caput* do art. 58-A ficam obrigadas a instalar equipamentos contadores de produção, que possibilitem, ainda, a identificação do tipo de produto, de embalagem e sua marca comercial, aplicando-se, no que couber, os dispositivos referentes aos equipamentos controladores de cigarros.

Em regra, os equipamentos de controle de produção[15] estão sujeitos à alíquota zero de PIS/PASEP e Cofins.

Desse modo, com base no que dispõe o art. 3º, §2º, II das Leis nºs 10.637/02 e 10.833/03, é vedado o desconto de créditos quando da aquisição desses bens. Contudo, a Lei nº 10.833/03, em seu art. 58-R, permitiu o desconto de créditos presumidos em relação ao custo de aquisição desses produtos.

---

[15] Inclusive medidores de vazão, condutivímetros, aparelhos para controle, registro, gravação e transmissão dos quantitativos medidos, quando adquiridos por pessoas jurídicas legalmente obrigadas à sua utilização, nos termos, condições e especificações técnicas fixados pela Secretaria da Receita Federal do Brasil.

Observe-se que no custo de aquisição estarão englobadas todas aquelas despesas relacionadas a compra e instalação desses equipamentos, o que inclui, por exemplo, o frete na operação de transporte desses bens, se arcado pelo comprador.

O §4º do art. 58-R prevê que os créditos em questão poderão ser utilizados apenas para a compensação de PIS/PASEP e Cofins, e apenas àqueles contribuintes sujeitos ao regime de apuração não cumulativo. Isso causa enorme distorção, tendo em vista que os contribuintes não optantes pelo lucro real, sujeitos, portanto, ao regime cumulativo, deixarão de apropriar o referido crédito presumido, estando sujeitos, no entanto, às mesmas alíquotas de PIS/PASEP e Cofins daqueles optantes pelo lucro real e sujeitos, portanto, a não cumulatividade das referidas contribuições. A oneração excessiva por semelhante sistema atinge justamente os pequenos fabricantes.

É permitido ainda o creditamento referente aos custos de instalação e manutenção dos equipamentos anteriormente referidos.

3.5 Ressarcimento à Casa da Moeda (Taxa SICOBE)

As Leis nºs 11.727/2008 e 11.827/2008 obrigam os fabricantes do setor de bebidas frias a promoverem a instalação de equipamentos denominados contadores de produção – SICOBE. Tais equipamentos — de alta tecnologia — são instalados pela Casa da Moeda do Brasil nas linhas de produção dos fabricantes. O custo dessa instalação — a título de ressarcimento à Casa da Moeda pelo uso do referido sistema — é suportado inteiramente pelo contribuinte através do pagamento de R$0,03 (três centavos) por unidade de produção. Para cada unidade de bebida fria produzida, o contribuinte deverá pagar uma taxa fixa, independentemente do valor ou do volume da mercadoria produzida.

Esse pagamento SICOBE, conforme previsto na legislação instituidora, reveste-se de todos os elementos caracterizadores de tributo, nos termos do art. 3º do CTN, senão observa-se que: (a) os fabricantes de bebidas frias são obrigados a instalar o sistema e recolher o valor estipulado; (b) o valor a ser pago corresponde à quantia de R$0,03 por unidade produzida; (c) a cobrança decorre do controle de atividade lícita consistente na fabricação de bebidas frias; (d) o pagamento do SICOBE está previsto na Lei nº 11.727/08 e 11.827/2008.

Logo, sua natureza jurídica é obrigacional-tributária e sua espécie é a de taxa, pois enquadra-se no art. 145, inc. II, da CF/1988 e nos arts. 77 e 78 do CTN.[16] [17] [18]

Como o escopo do SICOBE é eminentemente fiscalizatório — identificar o volume da produção para fins de controle fiscal —, o pagamento feito pelo contribuinte assume natureza jurídica de taxa decorrente do exercício do poder de polícia e deve respeitar as limitações constitucionais e complementares previstas no ordenamento. Entre as limitações constitucionais para a instituição de tributos se destacam, para a presente hipótese, os princípios da isonomia, da capacidade contributiva e da não utilização de tributos com efeito de confisco, além da obediência a critérios constitucionais para a base de cálculo.[19]

Desse modo, para que possa ser cobrada validamente, não basta que a Taxa SICOBE atenda aos requisitos do art. 3º do CTN, pois deve obedecer também aos princípios constitucionais acima mencionados.

No campo da isonomia tributária, não basta afirmar que a taxa é a mesma para todos os fabricantes, pois o problema pode residir precisa e exatamente na atribuição de custos iguais para contribuintes em condição distinta, ou mesmo de custos iguais para a medição de produção de produtos de distinto valor mercadológico.

Essa verificação é juridicamente relevante, sobretudo por existirem circunstâncias econômicas peculiares ao setor (como a presença de elevada concentração de mercado). Nesse caso, a igualdade consistirá no tratamento desigual para desiguais.

Da mesma forma, a averiguação da capacidade contributiva, deverá levar em consideração a existência de contribuintes com

---

[16] A Constituição Federal estabelece em seu artigo 145, inciso II, que compete a União, aos Estados, ao Distrito Federal e aos Municípios instituir (...) taxas, em razão do exercício do poder de polícia ou pela utilização, efetiva ou potencial, de serviços púbicos específicos e divisíveis, prestados ao contribuinte ou postos a sua disposição. Os artigos 77 e 78 do Código Tributário Nacional prescrevem que as taxas serão cobradas pela prestação do exercício de polícia ou a utilização, efetiva ou potencial, de serviço público específico e divisível, prestado ao contribuinte ou posto à sua disposição, proibida a adoção de base de cálculo própria de imposto.

[17] Nesse sentido, a doutrina tem afirmado que o exercício de poder de polícia deriva do fato do Estado efetivar atos de polícia, que não serão necessariamente benéficos para os contribuintes, não sendo obrigatória a existência de contraprestação do ente público para que seja exigido o recolhimento da taxa (COÊLHO, 1995, p. 48; VERLI, 2004, p. 89).

[18] "O exercício desse poder de polícia onera os custos dos serviços públicos e é provocado pelo interesse dos contribuintes que os pagam" (BALEEIRO, 2008, p. 651).

[19] ÁVILA, Humberto. Contribuição social sobre o faturamento: Cofins: base de cálculo: distinção entre receita e faturamento. Jurisprudência do Supremo Tribunal Federal. *Revista Dialética de Direito Tributário*, n. 107.

ostensiva diferença de capacidade econômica. Como a incidência da Taxa SICOBE se dá pelo valor fixo, seu peso relativo dependerá do valor mercadológico do bem de consumo objeto do controle de produção. Logo, bens mais baratos, de consumo popular, serão proporcionalmente mais gravados que produtos mais caros. Além disso, os produtos mais baratos são justamente aqueles fabricados pelas pequenas indústrias do setor.

Desse modo, dados mercadológicos relativos ao setor de bebidas frias podem indicar que a cobrança da Taxa SICOBE, em sistema fixo e homogêneo, esbarra nos limites constitucionais da isonomia tributária, capacidade contributiva e, em casos extremos, na proibição da utilização de tributo com efeito de confisco.

O quadro adiante demonstra como a instituição da Taxa SICOBE atinge drasticamente a atividade empresarial das fabricantes de bebidas, na medida em que passa a representar percentual elevadíssimo, tanto nas embalagens de menor como nas de igual volume:

Produtos	Tributos (PIS-Cofins)	SICOBE	%
Coca-Cola PET 2000ml	0,2456	0,0300	12,21%
Refrigerante Regional PET 250ml[20]	0,0144	0,0300	208,33%
Refrigerante Regional Vidro 200ml[21]	0,0110	0,0300	272,73%

Justamente com o escopo de evitar que o impacto econômico da taxa conduzisse o tributo para o campo da inconstitucionalidade, o legislador criou sistema destinado a neutralizar o custo da Taxa SICOBE para os contribuintes. Esse sistema pretende que o contribuinte se utilize de créditos de PIS/Cofins para obter a restituição dos valores desembolsados com a Taxa SICOBE. No entanto, conforme já demonstrado no quadro acima e como será visto os próximos parágrafos, um grave equívoco legal vem impedindo esta neutralização.

---

[20] Refrigerante Regional enquadrado no Grupo 1, da Tabela III, do Anexo III, do Decreto nº 6.904/2009.

[21] Refrigerante Regional enquadrado no Grupo 1, da Tabela V, do Anexo III, do Decreto nº 6.904/09.

A cada produto vendido gera-se o crédito com o pagamento da Taxa SICOBE, no valor de R$0,03, mas frequentemente não há débito suficiente para compensar com valores de PIS e Cofins, uma vez que o valor fixo, como está instituído, não leva em consideração diferenças que existem no mercado (diferentes produtos, diferentes volumes, diferentes materiais de embalagens, diferentes empresas/fabricantes, etc.).

Inequivocamente este sistema fere dispositivos constitucionais (artigos 5º, *caput*; 146, alínea "a"; 167, IV, VII e XI; 195; 150, II e IV), pois os pequenos fabricantes ficam inviabilizados de compensarem os débitos de PIS/PASEP e Cofins, e torna o sistema arrecadatório insuportável. Contudo, o tema merece maiores reflexões.

O "crédito presumido", para ser assim caracterizado, deve se originar — como a própria designação técnica indica — de *presunção* prevista pela legislação. Ou seja, o crédito não existe de fato porque não há saldo real do contribuinte, mas sim, porque a lei estabelece que para aquela determinada operação presume-se a existência de crédito.

Diferentemente, os créditos oriundos do recolhimento efetivo da Taxa SICOBE, e que nessa condição são passíveis de ressarcimento/ restituição pela Fazenda Pública, são "créditos oriundos de determinados mecanismos de não cumulatividade tributária ou de créditos decorrentes de incentivos fiscais específicos" (MARINS, 2010, p. 307).

Isso tem o seguinte significado, sob o ponto de vista do direito ao ressarcimento (MARINS, 2010, p. 308):

> Estes créditos, quando geradores de saldos na escrita fiscal do contribuinte, mesmo após serem efetuadas as deduções legais em cada trimestre-calendário, ensejam o requerimento de ressarcimento em moeda ou mesmo sua utilização na compensação de débitos próprios relativos aos tributos e contribuições administrados pela SRFB. Da mesma forma, no âmbito da Contribuição para o PIS/Pasep e da Cofins em regime de não-cumulatividade, os créditos que tenham restado acumulados ao final de cada trimestre-calendário poderão ser objeto de ressarcimento através de pedido eletrônico ou, se necessário, requerimento físico. Os pedidos são efetuados com relação ao saldo credor remanescente de cada trimestre-calendário.

Nesse contexto, é necessário que sejam feitos alguns esclarecimentos terminológicos:

a) o pagamento da Taxa SICOBE não é ressarcimento, mas recolhimento de tributo (taxa);

b) o crédito decorrente desse pagamento não é presumido, mas real, escritural;

c) tecnicamente, o ressarcimento é o pedido de restituição em moeda a que o contribuinte tem direito quando no trimestre-calendário restou com créditos acumulados.

Tal situação é justamente aquela vivenciada pelos pequenos fabricantes de bebidas frias que possuem saldos decorrentes de créditos submetidos ao regime da não cumulatividade e também derivados do "incentivo fiscal" concedido pela Lei nº 11.727/08 que permite a dedução dos valores de PIS/PASEP e Cofins com créditos de PIS/PASEP e Cofins, fazendo jus, portanto, ao ressarcimento tributário.

No quadro adiante, demonstrar-se-á a distorção ocorrida, considerando-se, ainda, os créditos oriundos das aquisições dos insumos, utilizando-se para apuração dos créditos somente os valores referentes às embalagens PET, conhecidas por pré-formas, que são fixados conforme artigo 2º do Decreto nº 5.062/2004:

Produtos	Tributos Débitos	PIS/Cofins (-) Créditos	Saldo	SICOBE	Impacto SICOBE no Saldo Apurado
Coca-Cola PET 2000ml	0,2456	0,1049	0,1407	0,0300	21,32%
Refrigerante Regional PET 2000ml	0,1152	0,1049	0,0103	0,0300	291,26%
Refrigerante Regional PET 250ml	0,0144	0,0315	(0,0171)	0,0300	471,00%
Refrigerante Regional Vidro 200ml	0,0110	0,0	0,0110	0,0300	272,73%

Pois bem, no caso do pagamento do SICOBE os valores são efetivamente recolhidos pelos fabricantes de bebidas frias na quantia de R$0,03 por unidade produzida, o que não gera "crédito presumido" conforme legislação de regência, mas sim, crédito escritural, crédito financeiro, passível de ressarcimento em moeda em favor do contribuinte.

Observe-se que aqui não há qualquer necessidade de sujeição ao regime não cumulativo para fruição do crédito presumido, mesmo porque a legislação utiliza-se da expressão *dedução* e não da expressão *compensação*.

Para tais situações, a Instrução Normativa nº 900/2008, que regula o procedimento de ressarcimento tributário, estabelece em seu artigo 27 que os créditos de PIS/PASEP e Cofins que não puderem ser utilizados no desconto de débitos das respectivas contribuições *poderão ser objeto de ressarcimento* mediante a utilização do programa PER/DCOMP.

3.6 Da tributação das embalagens

As embalagens utilizadas para envasamento dos produtos classificados nas posições 22.01, 22.02 e 22.03 da TIPI também estão sujeitas à tributação diferenciada, no que se refere às contribuições PIS/PASEP e Cofins. Para facilitar a compreensão quanto à tributação, transcrevemos abaixo, a título de exemplo, a cadeia de circulação das embalagens:

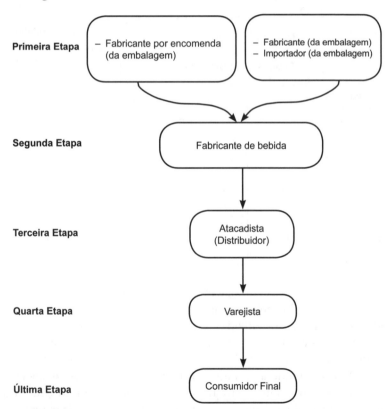

FIGURA 8 – Fluxograma da cadeia de circulação nas embalagens

3.6.1 Fabricante das embalagens para envasamento das bebidas classificadas nas posições 22.01, 22.02 e 22.03 (1ª etapa da cadeia de circulação)

As receitas decorrentes da venda das embalagens em questão serão tributadas, no que se refere às contribuições PIS/PASEP e Cofins, por unidade de produto.

As latas de alumínio, por exemplo, são tributadas por unidade, variando em razão de sua destinação, ou seja, para envasamento de água e refrigerantes os valores de PIS/PASEP e Cofins são diversos dos valores desses tributos quando a lata de alumínio destinar-se ao envasamento das cervejas de malte, como hipótese. Já as garrafas de vidro são tributadas levando em conta também a capacidade nominal de envasamento da embalagem final.

Em que pese o *caput* do art. 51 fazer referência expressa às posições 22.01, 22.02 e 22.03, o regime previsto no referido dispositivo é aplicado, mesmo que a embalagem não se destine ao envasamento das bebidas constantes das posições acima mencionadas. Isso demonstra que o legislador optou por criar um regime diferenciado em relação à finalidade do produto e não em relação à sua destinação.

No entanto, a análise detida de legislação nos leva à conclusão de que nem todas as embalagens comumente utilizadas para envase de bebidas frias estão sujeitas a esse regime tributário. É o caso, por exemplo, das garrafas de vidro com capacidade de envase inferior a 330ml, pois a descrição constante da NCM nº 7010.90.21 não contempla as referidas embalagens.

Não nos parece existir sentido para excluir essa embalagem, ainda que indiretamente, desse regime tributário, visto que a finalidade é a mesma das latas de alumínio ou ainda das garrafas com capacidade superior à 330ml. A diferenciação aqui presente não nos parece caminhar no mesmo sentido traçado pelo princípio da isonomia. A legislação deve acompanhar a evolução.

No setor de bebidas frias, costumeiramente, os fabricantes de bebidas adquirem as pré-formas classificadas no Ex 01 da posição 3923.30.00,[22] utilizando-se, posteriormente, de sopradores, que geram o formato e a dimensão desejada final.

---

[22] O Ex 01 da posição 3923.30.00 possui a seguinte descrição: Esboços de garrafas de plástico, fechados em uma extremidade e com a outra aberta e munida de uma rosca sobre a qual irá adaptar-se uma tampa roscada, devendo a parte abaixo da rosca ser transformada, posteriormente, para se obter a dimensão e forma desejadas.

As pré-formas não apenas facilitam o transporte da embalagem, mas também reduzem a carga tributária, visto que o IPI incide à alíquota zero, quando da saída do estabelecimento do fabricante. Aliás, em relação ao IPI, o art. 51 da Lei nº 10.833/03 não estabelece qualquer previsão, sendo as embalagens tributadas de acordo com sua classificação na Tabela de Incidência do referido Imposto.

3.6.1.1 A importação das embalagens para envasamento das bebidas constantes das posições 22.01, 22.02 e 22.03 da TIPI

Como visto, o art. 51 da Lei nº 10.833/03, estabelece regras especiais de tributação apenas em relação às contribuições PIS/PASEP e Cofins.

Desse modo, na importação de embalagens, as contribuições PIS/PASEP-Importação e Cofins-Importação, incidirão alíquota de 1,65% e 7,6%, respectivamente.

Para a apuração das referidas contribuições, tomar-se-á como base de cálculo o valor aduaneiro, assim entendido o valor que servir ou que serviria de base para o cálculo do imposto de importação, acrescido do valor do ICMS incidente no desembaraço.

Da mesma forma em relação ao IPI, visto que o art. 51 da referida lei não estabelece qualquer previsão diferenciada de incidência, salvo a aplicação de coeficientes para redução de alíquotas, para pessoa jurídica enquadrada no regime especial instituído pelo art. 58-J da Lei nº 10.833/03.

Já em relação ao ICMS, este incidirá na operação propriamente dita da importação (ICMS-Importação), bem como sobre a comercialização da embalagem produzida pelo seu fabricante e adquirida pelo fabricante da bebida fria (momento em que ocorre a circulação da mercadoria), nos termos da Lei Complementar nº 87/96, levando em consideração as alíquotas previstas nos Regulamentos dos Estados (RICMS).

3.6.1.2 Da produção/fabricação por encomenda

Aplicam-se as disposições acima mencionadas (mesma forma de apuração dos valores) para a pessoa jurídica que fabrique as embalagens por encomenda.

A observação que merece destaque neste item diz respeito à responsabilidade solidária entre fabricante e encomendante pelo pagamento das contribuições para o PIS/PASEP e para a Cofins.

A responsabilidade tributária passiva está prevista no artigo 124 do Código Tributário Nacional, e com ela o Fisco tem o direito de cobrar o crédito tributário de qualquer pessoa que a lei estabelecer como responsável pelo pagamento do tributo, estando, dessa forma, vinculada à relação jurídica nos termos da lei.

Este é a situação da responsabilidade entre fabricante e encomendante para o pagamento do PIS/PASEP e Cofins. Entre estas duas pessoas jurídicas há responsabilidade solidária *ex lege*.

Nas lições de Luciano Amaro:

> Sabendo que a eleição de terceiro como responsável supõe que ele seja vinculado ao fato gerador (art. 128), é preciso distinguir, de um lado, as situações em que a responsabilidade do terceiro deriva ao fato de ele ter "interesse comum" no fato gerador (o que dispensa previsão na lei instituidora do tributo) e, de outro, as situações em que o terceiro tenha algum outro interesse (melhor se diria, as situações com as quais ele tenha algum vínculo) em razão do qual ele possa ser eleito como responsável. Neste segundo caso é que a responsabilidade solidária do terceiro dependerá de a lei expressamente a estabelecer.[23]

O encomendante das embalagens será o fabricante da bebida fria, foco do presente estudo, o qual estará, conforme mencionado acima, sujeito a responsabilidade solidária com o fabricante da embalagem.

Ocorre que este sistema sobrecarrega demasiadamente os fabricantes de bebida fria, além de todas as particularidades da legislação que são desfavoráveis e até injustas para este setor da cadeia produtiva.

A responsabilidade solidária deve ocorrer em casos específicos, quando se possa demonstrar a efetiva vinculação das partes com o fato gerador da obrigação tributária, o que não se configura no caso do fabricante e encomendante da bebida fria. Desse modo, a lei prejudica significativamente a operação para o fabricante de bebida fria.

No que se refere ao IPI, o art. 43 do Decreto nº 7.212/2010 estabelece que os materiais de embalagem destinados à industrialização terão o pagamento do IPI suspenso, desde que os produtos industrializados sejam enviados ao estabelecimento remetente daqueles insumos.

Relativamente ao ICMS cumpre mencionar o julgamento proferido pelo Supremo Tribunal Federal na Medida Cautelar na Ação Direta de Inconstitucionalidade nº 4389 em que se discute a incidência do ISS ou ICMS na fabricação da embalagem por encomenda. No julgamento da MC, realizado em 13 de abril 2011, o Plenário do STF

---

[23] AMARO, Luciano. *Direito tributário brasileiro*. 16. ed. São Paulo: Saraiva, 2010. p. 341.

suspendeu a eficácia do subitem 13.05 da lista anexa à Lei Complementar nº 116/2003, por entender que incide ICMS na circulação de embalagens por encomenda, e não o ISS, estando ainda pendente de julgamento a referida ADIN, proposta pela Associação Brasileira de Embalagens.

3.6.2 Da venda por atacadista ou varejista

A figura do atacadista de embalagens (pessoa jurídica inter-mediária ao fabricante, fabricante por encomenda ou importador e ao fabricante da bebida fria) não se revela comum neste setor, uma vez que a compra, geralmente, ocorre diretamente entre o fabricante/importador da embalagem e o fabricante da bebida fria. Entretanto, serão tecidos breves comentários sobre esse segmento.

Tal qual prevê o *caput* do art. 51, a receita obtida, seja com a venda seja com a produção das embalagens em questão, será tributada de modo diferenciado. Dessa forma, o atacadista ou varejista de embalagem, ao revender as embalagens adquiridas de fabricante, estará sujeito às alíquotas diferenciadas previstas nos incisos e alíneas do dispositivo em questão.

Para esses contribuintes, a legislação permite ainda o desconto de créditos de PIS/PASEP e Cofins, calculados sobre os valores das contri-buições estabelecidas no art. 51 da Lei nº 10.833/03, podendo, inclusive, compensar o saldo credor acumulado no trimestre com outros débitos, relativos a tributos e contribuições administrados pela Secretaria da Receita Federal (SRF).

Já no que se refere ao IPI, inexiste equiparação na Lei nº 10.833/03, à industrial, não sendo, portanto, sujeito passivo do IPI, por não realizar operação de industrialização.

Para o ICMS, repise-se o esclarecido no item "A importação das embalagens para envasamento das bebidas constantes das posições 22.01, 22.02 e 22.03 do TIPI", excetuando-se o ICMS-Importação devido para aquela situação específica.

3.6.3 Do fabricante de bebidas frias que adquire embalagens para envasamento (2ª etapa da cadeia de circulação)

Comumente, o fabricante de bebidas frias adquire as embalagens diretamente do fabricante. Mesmo quando adquire as chamadas pré-formas, usualmente seu processo de expansão, por meio do soprador, é tratado como uma etapa do processo produtivo das bebidas frias. É com base nisso que far-se-á a análise da 2ª etapa da cadeia de circulação, não desconhecendo a existência de empresas nas quais o processo de expansão pelo soprador é terceirizado, mas que se optou por não analisar, por questões meramente didáticas.

O que nos importa, nessa etapa, é analisar a possibilidade de creditamento em razão da aquisição das embalagens, tendo em vista que a venda de embalagens, bem como dos líquidos constantes das posições 22.01, 22.02 e 22.03 já foi objeto estudo anteriormente.

Aquele contribuinte optante pelo regime especial poderá creditar-se dos valores das contribuições estabelecidos nos incisos I a III do art. 51 da Lei nº 10.833/03, referente às embalagens que adquirir.

Já no que se refere ao ICMS, a legislação de regência atribuiu ao engarrafador (neste caso o próprio fabricante da bebida fria) — sujeito passivo por substituição — a responsabilidade pela retenção e recolhimento do imposto.

Ou seja, o fabricante da bebida fria adquirente das embalagens recolherá o ICMS sobre referidas mercadorias, utilizando-a como insumo para a fabricação final da bebida.

Tanto no que se refere ao ICMS, bem como ao IPI, sendo a embalagem considerada insumo, ou no caso do IPI, classificada como material de embalagem, é, normalmente, permitido o crédito.

3.6.4 Das demais etapas da cadeia de circulação

Em relação às demais etapas da cadeia de circulação (fábrica-varejista e varejista-consumidor), aplicam-se as conclusões expostas quando do item acima "Da venda por atacadista ou varejista".

3.6.5 Resumo

Diante dos comentários em relação ao regime geral segue abaixo, quadro explicativo:

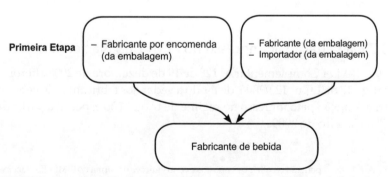

FIGURA 9 – Fluxograma da 1ª etapa da cadeia referente ao comércio das embalagens

Na saída do produto nacional:
PIS/PASEP e Cofins: alíquota fixa, por unidade de produto.
IPI: são tributadas normalmente, de acordo com sua classificação na TIPI.
ICMS: substituição tributária. Imposto devido pelo fabricante.

Na hipótese de importação:
IPI na importação: alíquota prevista na TIPI sobre o valor da operação de que decorrer a saída do produto.
ICMS na importação: será devido no desembaraço aduaneiro. Alguns estados (PR, por exemplo) preveem suspensão e outorgam créditos presumidos.
PIS/PASEP-Importação e Cofins-Importação: normal, sendo 1,65% de PIS/PASEP-Importação e 7,6% de Cofins-Importação.

Na hipótese de encomenda:
PIS/PASEP e Cofins: alíquota fixa, por unidade de produto, sendo aplicável responsabilidade solidária entre encomendante e fabricante.
IPI: são tributadas normalmente, de acordo com sua classificação na TIPI.
ICMS: substituição tributária. Imposto devido pelo fabricante.

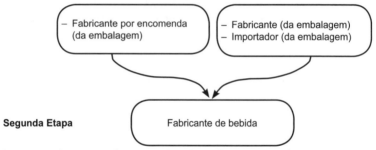

FIGURA 10 – Fluxograma da 2ª etapa da cadeia referente ao comércio das embalagens

Na entrada no estabelecimento do fabricante de bebidas:
PIS/PASEP e Cofins: optante pelo regime especial (REFRI) pode descontar créditos em relação às embalagens adquiridas.
ICMS na importação: alguns estados permitem a apuração de crédito presumido na importação.

3.7 Da vedação ao ingresso no SIMPLES Nacional

A Lei Complementar nº 128 de 19 de dezembro de 2008 alterou o artigo 17 da LC nº 123/2006, de modo a vedar aos fabricantes de bebidas frias a opção pelo ingresso no regime de tributação especial a partir de 1º de janeiro de 2009.[24]

---

[24] Art. 17. Não poderão recolher os impostos e contribuições na forma do SIMPLES Nacional a microempresa ou a empresa de pequeno porte: (...) X – que exerça atividade de produção

Exclusões aleatórias dessa natureza são altamente discutíveis, sob o prisma constitucional. Por esse motivo os impedimentos legais à opção pelo regime especial de tributação sempre se constituíram em polos de viva polêmica, desde sua implantação na esfera federal através da Lei nº 9.317/96.[25]

O embate entre os contribuintes excluídos e a Fazenda Pública é justificável, porque mesmo quando o impedimento conste expressamente do texto legal, os critérios dessa vedação legislativa precisam, necessariamente, ser compatíveis com as normas constitucionais que presidem o tema a nível superior. O problema se agrava quando não se vislumbra, claramente, na lei qual o critério adotado para a vedação.[26]

Na hipótese de vedação em razão do ingresso dos fabricantes de bebidas frias, a discriminação legal tem como foco o produto objeto da atividade empresarial, permitindo a adoção de critério extrafiscal calçado na seletividade constitucional, amparada em razões objetivas sociais ou ambientais, por exemplo.[27]

É o que se detecta subliminarmente, em alguns casos, como na produção ou venda atacadista de bebidas alcoólicas, cigarros ou armas, que envolvem questões associadas à saúde pública e à segurança e, por isso, se constituem em setores que não recebem estímulos do Estado. É critério subjetivo, extrafiscal, que deveria constar literalmente do texto legal como forma de evitar litígios. Sem embargo trata-se de discriminação juridicamente sustentável à luz de valores constitucionais (saúde e segurança pública).

No entanto, qual é a discriminação juridicamente válida para o setor de bebidas frias? Se não se está diante de questões de saúde pública, segurança ou, até mesmo, meio ambiente, a exclusão promovida pela lei deixa de encontrar suporte na Constituição, sobretudo no princípio da isonomia.[28]

---

ou venda no atacado de: a) cigarros, cigarrilhas, charutos, filtros para cigarros, armas de fogo, munições e pólvoras, explosivos e detonantes; b) bebidas a seguir descritas: 1 – alcoólicas; 2 – refrigerantes, inclusive águas saborizadas gaseificadas; 3 – preparações compostas, não alcoólicas (extratos concentrados ou sabores concentrados), para elaboração de bebida refrigerante, com capacidade de diluição de até 10 (dez) partes da bebida para cada parte do concentrado; 4 – cervejas sem álcool; (...).

[25] MARINS, James; BERTOLDI, Marcelo M. *Simples nacional*: Estatuto da Microempresa e da Empresa de Pequeno Porte Comentado: LC 123, de 14.12.2006; LC 127, de 14.08.2007. São Paulo: Revista dos Tribunais, 2007.

[26] MARINS, James. *Defesa e vulnerabilidade do contribuinte*. São Paulo: Dialética, 2009.

[27] MARINS, James; TEODOROVICZ, Jeferson. Extrafiscalidade socioambiental. *Revista de Direito Financeiro e Tributário*, São Paulo, n. 90, p. 77, 2010.

[28] Sobre princípios e política fiscal confira-se: GRIZIOTTI, Benvenuto. *Principios de politica, derecho y ciencia de la hacienda*. Madrid: Reus, 1958.

É exclusão por ramo de atividade, de natureza tão somente qualitativa. Naturalmente, a mera decisão extrafiscal do legislador não ampara a juridicidade da vedação se não se puder comprovar elemento de *discrímen* juridicamente válido, como, por exemplo, a diferença de capacidade contributiva que faça com que determinado setor seja impedido de aderir ao regime tributário favorecido. O legislador não está imune a esse controle material, do conteúdo do produto legislado. A Constituição Federal ao incorporar norma programática no sentido de estabelecer regime especial, favorecido e diferenciado para as microempresas e empresas de pequeno porte, determinou ao legislador que estabeleça os critérios para o cumprimento desse desiderato. O legislador o fez adotando a técnica da medição da receita bruta da empresa como indicador material de sua condição e nessa tarefa operou com a razoabilidade imprescindível ao cumprimento do programa constitucional, fixando faixas de valores compatíveis com a percepção geral para os conceitos de microempresa e empresa de pequeno porte no contexto da economia brasileira.[29]

Além disso, o art. 150, inc. II, consagra o princípio da isonomia em termos incondicionais, sob a seguinte fórmula proibitiva: "Sem prejuízo de outras garantias asseguradas ao contribuinte, é vedado à União, aos Estados, ao Distrito Federal e aos Municípios: II – instituir tratamento desigual entre contribuintes que se encontrem em situação equivalente, proibida qualquer distinção em razão de ocupação profissional ou função por eles exercida, independentemente da denominação jurídica dos rendimentos, títulos ou direitos".

Qualquer tratamento desigual, portanto, não pode estar calcado tão somente em distinção de atividade, mas na existência fática da diferença de capacidade contributiva que possa ensejar distinto tratamento.[30]

O Supremo Tribunal Federal analisou essa questão em ação direta de inconstitucionalidade e assentou entendimento no sentido de que "não há ofensa ao princípio da isonomia tributária se a lei, por motivos extrafiscais, imprime tratamento desigual a microempresas e empresas de pequeno porte de capacidade contributiva distinta, afastando do regime do SIMPLES aquelas cujos sócios têm condição de disputar o

---

[29] Sobre conceito de micro e pequena empresa confira-se a doutrina: BERTOLDI, Marcelo M.; RIBEIRO, Marcia Carla Pereira. *Curso avançado de direito comercial.* 3. ed. ref. atual. e ampl. São Paulo: Revista dos Tribunais, 2006.

[30] NABAIS, José Casalta. *Por um Estado fiscal suportável*: estudos de direito fiscal. Coimbra: Almedina, 2005. p. 35 *et seq.*

mercado de trabalho sem assistência do Estado".[31][32] Desse entendimento se pode inferir que ao legislador somente é dado discriminar empresas de distinta capacidade contributiva, mas não apenas por ramo de atividade ou apenas por motivos extrafiscais que não estejam relacionados com a capacidade contributiva.

Nesse sentido — autorizado pela interpretação reiteradamente atribuída pelo STF — a diferença de capacidade contributiva pode ser objeto de questionamento administrativo ou judicial, de modo a testar a validade constitucional da regra criadora do impedimento à opção pelo regime favorecido do SIMPLES Nacional. Diferença de capacidade contributiva é fato com relevância jurídica, cuja existência ou não pode ser objeto de prova. Não pode, portanto, o legislador criar vedações aleatórias; logo a presunção de constitucionalidade da vedação legal pode ser desconstituída em processo próprio, pois se trata de mera presunção *iuris tantum*.[33]

Concludentemente, verifica-se que aos contribuintes poderá ser vedado o ingresso no SIMPLES Nacional levando em consideração o princípio da capacidade contributiva, mas não, como fez o legislador do artigo 17, da LC nº 123/2006, tomando por base a atividade exercida pelo microempreendedor ou pequeno empreendedor.

---

[31] AÇÃO DIRETA DE INCONSTITUCIONALIDADE. SISTEMA INTEGRADO DE PAGAMENTO DE IMPOSTOS E CONTRIBUIÇÕES DAS MICROEMPRESAS E EMPRESAS DE PEQUENO PORTE. CONFEDERAÇÃO NACIONAL DAS PROFISSÕES LIBERAIS. PERTINÊNCIA TEMÁTICA. LEGITIMIDADE ATIVA. PESSOAS JURÍDICAS IMPEDIDAS DE OPTAR PELO REGIME. CONSTITUCIONALIDADE. 1. Há pertinência temática entre os objetivos institucionais da requerente e o inciso XIII do artigo 9º da Lei 9317/96, uma vez que o pedido visa a defesa dos interesses de profissionais liberais, nada obstante a referência a pessoas jurídicas prestadoras de serviços. 2. Legitimidade ativa da Confederação. O Decreto de 27.05.54 reconhece-a como entidade sindical de grau superior, coordenadora dos interesses das profissões liberais em todo o território nacional. Precedente. 3. Por disposição constitucional (CF, artigo 179), as microempresas e as empresas de pequeno porte devem ser beneficiadas, nos termos da lei, pela "simplificação de suas obrigações administrativas, tributárias, previdenciárias e creditícias, ou pela eliminação ou redução destas" (CF, artigo 179). 4. Não há ofensa ao princípio da isonomia tributária se a lei, por motivos extrafiscais, imprime tratamento desigual a microempresas e empresas de pequeno porte de capacidade contributiva distinta, afastando do regime do SIMPLES aquelas cujos sócios têm condição de disputar o mercado de trabalho sem assistência do Estado. Ação direta de inconstitucionalidade julgada improcedente. (Recurso: ADI nº 1643/UF. Órgão Julgador: Tribunal Pleno do STF. Ministro Relator: Maurício Corria. Julgamento: 05.12.2002).

[32] No mesmo sentido, ainda no STF: CONSTITUCIONAL. TRIBUTÁRIO. SISTEMA "SIMPLES". OFENSA AO PRINCÍPIO DA ISONOMIA. INEXISTÊNCIA. ART. 9º, DA LEI 9.317/96. I. – Não há ofensa ao princípio da isonomia tributária se a lei, por motivos extrafiscais, imprime tratamento desigual a microempresas e empresas de pequeno porte de capacidade contributiva distinta. ADI 1.643, Plenário. DJ de 14.3.2003. Precedentes. II. – Agravo não provido. (Recurso: AI-AgR nº 452642/MG. Órgão Julgador: Segunda Turma do STF. Ministro Relator: Carlos Velloso. Julgamento: 13.12.2005).

[33] MARINS; BERTOLDI, *op. cit.*, p. 119.

É o caso dos fabricantes de refrigerantes, águas saborizadas gaseificadas, preparações compostas não alcoólicas, cervejas sem álcool, que foram vedados a ingressar no SIMPLES Nacional, sem que, contudo, fosse considerada a elevadíssima carga tributária, muitas vezes insustentável, diante da competitividade no mercado nacional.

Eis, em síntese, o quadro da condição tributária do setor de bebidas frias no Brasil. Mesmo numa rápida abordagem, como a agora apresentada, já se pode observar que o sistema tem falhas que prejudicam o crescimento do setor, especialmente em relação aos pequenos fabricantes, sem que se leve em consideração a importância social e econômica destes fabricantes em relação ao desenvolvimento regional.

Referências

AMARO, Luciano. *Direito tributário brasileiro*. 16. ed. São Paulo: Saraiva, 2010.

ÁVILA, Humberto. Contribuição social sobre o faturamento: Cofins: base de cálculo: distinção entre receita e faturamento. Jurisprudência do Supremo Tribunal Federal. *Revista Dialética de Direito Tributário*, n. 107.

BERTOLDI, Marcelo M.; RIBEIRO, Marcia Carla Pereira. *Curso avançado de direito comercial*. 3. ed. ref. atual. e ampl. São Paulo: Revista dos Tribunais, 2006.

BORGES, José Souto Maior. As contribuições sociais (PIS/COFINS) e a jurisprudência do STF. *Revista Dialética de Direito Tributário*, n. 118.

COELHO, Sacha Calmon Navarro; DERZI, Misabel Abreu Machado. A Emenda Constitucional n. 33/01 e a alíquota específica no ICMS. *Revista Dialética de Direito Tributário*, n. 90.

COSTA, Regina Helena. *Curso de direito tributário*: Constituição e Código Tributário Nacional. São Paulo: Saraiva, 2009.

FERRAZ, Roberto. O consumo, a concorrência e as distorções da substituição tributária (para frente). *In*: ROCHA, Valdir de Oliveira (Coord.). *Grandes questões atuais do direito tributário*. São Paulo: Dialética, 2005.

GRIZIOTTI, Benvenuto. *Principios de politica, derecho y ciencia de la hacienda*. Madrid: Reus, 1958.

KONKEL JR., Nicolau. *Contribuições sociais*: doutrina e jurisprudência. São Paulo: Quartier Latin, 2005.

MARINS, James. *Defesa e vulnerabilidade do contribuinte*. São Paulo: Dialética, 2009.

MARINS, James. *Direito processual tributário brasileiro*. São Paulo: Dialética, 2010.

MARINS, James; BERTOLDI, Marcelo M. *Simples nacional*: Estatuto da Microempresa e da Empresa de Pequeno Porte Comentado: LC 123, de 14.12.2006; LC 127, de 14.08.2007. São Paulo: Revista dos Tribunais, 2007.

MARINS, James; TEODOROVICZ, Jeferson. Extrafiscalidade socioambiental. *Revista de Direito Financeiro e Tributário*, São Paulo, n. 90, 2010.

MELO, José Eduardo Soares de. *Contribuições sociais no sistema tributário*. 3. ed. São Paulo: Malheiros, 2000.

NABAIS, José Casalta. *Por um Estado fiscal suportável*: estudos de direito fiscal. Coimbra: Almedina, 2005.

PETRY, Rodrigo Caramori. *Contribuições PIS/PASEP e COFINS*: limites constitucionais da tributação sobre o "faturamento", a "receita" e a "receita operacional" das empresas e outras entidades no Brasil. São Paulo: Quartier Latin, 2009.

Informação bibliográfica deste texto, conforme a NBR 6023:2002 da Associação Brasileira de Normas Técnicas (ABNT):

MARINS, James; DUTRA, Carlos Eduardo Pereira; DEUD, Maria Luiza Bello. Disciplina legal do setor de bebidas frias: tributação. *In*: RIBEIRO, Marcia Carla Pereira; ROCHA JR., Weimar Freire da (Coord.). *Concorrência e tributação no setor de bebidas frias*. Belo Horizonte: Fórum, 2011. p. 63-99. ISBN 978-85-7700-513-0.

CAPÍTULO 4

ZONA FRANCA DE MANAUS: DESEQUILÍBRIO CONCORRENCIAL NO SETOR DE BEBIDAS

OKSANDRO OSDIVAL GONÇALVES

4.1 Introdução

A transferência de créditos originados pelo regime especial de tributação na Zona Franca de Manaus repercute em toda cadeia produtiva, gerando distorções no sistema concorrencial que devem ser enfrentadas pela doutrina, pela jurisprudência e com o auxílio dos economistas.

Tal enfrentamento é necessário e urgente, uma vez que a legislação, em virtude dos grandes interesses econômicos envolvidos, torna-se inflexível a qualquer tentativa de correção ou aperfeiçoamento.

É o que se demonstrará a seguir, partindo-se da realidade do mercado de refrigerantes.

4.1.1 Histórico do setor de refrigerantes no Brasil

Para o desenvolvimento deste estudo é necessário elaborar um pequeno histórico do setor de refrigerantes no Brasil, desde o seu surgimento até os dias atuais, com breves comentários acerca da consolidação do mercado e dos aspectos econômicos que permeiam a discussão.

O primeiro engano cometido ao se tratar do tema *refrigerantes* no Brasil decorre da presunção de que o setor iniciou-se com a comercialização da Coca-Cola, o que não corresponde à realidade dos fatos.

Em que pese a inexistência de outras fontes de dados sobre esse histórico (AFREBRAS1), é possível identificar o surgimento de algumas empresas no início do Século XX.[1]

Como a Coca-Cola somente se instalou no Brasil em 1942, constata-se que o mercado de refrigerantes teve início com os fabricantes regionais.

4.1.2 Século XX: a expansão

As empresas de refrigerante iniciam suas atividades nos primórdios do século XX como as centenárias Pureza e Cini, as quais surgiram num contexto socioeconômico e cultural muito distinto do atual, fruto da inventividade e empreendedorismo de imigrantes que chegavam ao Brasil.

Os meios de transporte e de comunicação à época eram bastante precários, o que caracterizou essa fase dos fabricantes de refrigerantes como meramente local, as estratégias eram focadas nas pequenas localidades, o que contribuiu para a formação do conceito de produto regional presente até os dias atuais (CAMPOS; OLIVEIRA, 2004). Naquele momento não havia concorrência, pois as empresas não enfrentavam a competitividade dos grandes mercados de consumo em virtude de sua atuação regional e familiar.

Com a evolução da economia brasileira, o setor se desenvolve, até que em 1942 chega ao Brasil a Coca-Cola Company.

A partir deste momento inicia-se a concorrência propriamente dita no setor, porque até então a concorrência estava restrita a algumas regiões que concentravam um número maior de produtores, como é o caso do Estado de São Paulo. Não existia uma concorrência nacional, pois nenhuma empresa conseguia atuar distribuindo e comercializando seus produtos em todo território. Foi a partir da chegada da Coca-Cola que se estabeleceu um sistema de concorrência peculiar, em razão de sua capacidade de concorrer nacionalmente, diferentemente de qualquer outro concorrente.

No início, os conceitos, vigentes à época, de *marketing*, de mercado, as limitações logísticas, a pequena quantidade de consumidores, a

---

[1] Fonte: <www.afrebras.org.br>.

limitação da divulgação das marcas uma vez que eram poucos os que tinham acesso aos também poucos meios de comunicação disponíveis, contribuíram para que o refrigerante tivesse uma disseminação restrita, muitas vezes vinculada a um consumo elitista ou em apenas alguns dias da semana, sendo muito comum dizer que o refrigerante fazia parte do almoço de domingo.

Na década de 80 a economia brasileira foi marcada por um período de alta inflação e estagnação do crescimento. A inflação chegou a patamares elevados e os preços dos produtos chegavam a dobrar de um dia para outro. Os planos econômicos implantados nesta época não conseguiram atingir seu objetivo: a estabilização da economia. Ao contrário, a inflação só aumentava e a economia desacelerava ano após ano, razão pela qual o período foi denominado como a "década perdida" da economia brasileira.

Nesta época, a indústria de refrigerantes era formada por aproximadamente 150 empresas, e o setor era caracterizado por pequena concorrência, ambiente em que os fabricantes de refrigerantes regionais não tinham participação significativa no mercado nacional.

Em 1989 começam a ser modificadas as leis tributárias que regulavam o setor de bebidas, sendo a mais importante a passagem do IPI (Imposto sobre a Produção Industrial) de uma alíquota *ad valorem* de 40% sobre o preço de saída do produto, para uma alíquota *ad rem*, ou seja, um valor fixo para cada produto (Lei nº 7.798/1989). A mudança não se justificava porque, apesar de o país atravessar um período de instabilidade econômica muito acentuada, com inflação em percentuais elevados, havia uma compensação por meio da alíquota elevada de 40%. Quando se fazia a apuração do imposto, este sofria uma desvalorização até o seu recolhimento, contudo, permanecia nos patamares de 15 a 20 pontos percentuais.

Com a alteração do IPI para *ad rem*, a arrecadação reduziu-se, diminuindo a carga tributária das empresas, pois o faturamento crescia acompanhando a inflação. Contudo, a pauta *ad rem* não acompanhava esse mesmo crescimento. Com isso, o valor a ser recolhido por meio da apuração pelo sistema *ad rem* sofria defasagem em relação ao faturamento, em função da instabilidade econômica e da alta inflação.

Na década de 1990, em especial a partir de 1994, com a edição do Plano Real, operou-se uma revolução na economia brasileira, com a estabilização do nível de preços que culminou com crescimento do PIB. O GRÁF. 1 demonstra a série de 1995 a 2004 (IBGE, 2010):

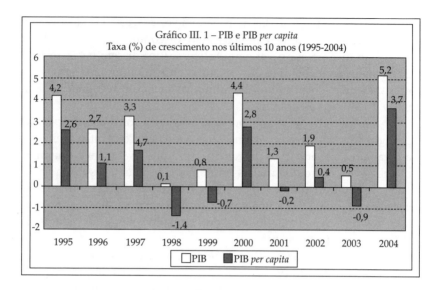

Gráfico III. 1 – PIB e PIB *per capita*
Taxa (%) de crescimento nos últimos 10 anos (1995-2004)

O ambiente econômico foi tomado por uma profunda euforia, caracterizado principalmente pelas promessas de combate inflacionário, abertura da economia e moralização da política com a manutenção do ambiente democrático. O consumo das famílias aumentou, impulsionado pelo aumento da renda disponível e o consumo maior de vários produtos até então excluídos da lista de muitas famílias, dentre os quais se inclui o refrigerante, que também apresentou sinais de elevação nos seus níveis de venda, como visto no *capítulo 1*.

Neste período o mercado de refrigerantes era caracterizado pela dispersão de fabricantes e por uma tributação fixa do IPI, seguindo a mesma linha que se iniciou no final da década de 80.

Um dos fatores para o crescimento da indústria de refrigerantes neste período, além da estabilização da economia, foi a inserção de dois novos tipos de embalagens que romperam com o domínio das garrafas de vidro: as latas de alumínio e o PET. No caso dos refrigerantes regionais, o PET foi o maior difusor do produto, porque permitiu o barateamento de um insumo essencial (SANTOS; AZEVEDO, 2003), o que também possibilitou a queda do preço de venda ao consumidor final. O próprio consumidor passou a preferir as embalagens PET, não retornáveis, que facilitavam a compra porque, ao contrário do sistema de embalagens de vidro, não exigia a troca de vasilhames.

A introdução das embalagens descartáveis não é exclusiva do setor de refrigerantes, tendo sido apontada como fonte de aumento da produção industrial e do consumo em vários segmentos, bem como de significativos impactos ambientais (BLUMBERG; GOTTLIEB, 1989). Esse fator, aliado ao barateamento introduzido pelas novas tecnologias, permitiu que o número de fábricas passasse de 150 para 850 (AFREBRAS). Quanto à estatística da participação de cada embalagem no mercado de refrigerantes, a embalagem tipo PET responde por 80%:

Participação em % de tipo de embalagem
no mercado de refrigerante (2009)

Mês	PET	Vidro	Lata	Outras
Janeiro	81,1	11,3	7,4	0,2
Fevereiro	79,4	12,2	8,2	0,2
Março	79,3	12,2	8,3	0,2
Abril	79,6	12,3	7,9	0,2
Maio	79,6	12,3	8,0	0,1
Junho	79,5	12,4	7,9	0,2
Julho	80,0	12,0	7,9	0,1
Agosto	80,0	12,2	7,8	0,0
Setembro	79,8	12,2	7,8	0,2
Outubro	79,5	12,2	7,9	0,4
Novembro	80,0	12,0	7,9	0,1
Dezembro	80,1	11,9	7,8	0,2
Total	79,8	12,1	7,9	0,2

Fonte: Estimativa Mensal – Associadas ABIR.

Em 1999, com a fusão de Brahma e Antarctica, as oito grandes marcas se transformaram em apenas quatro (tomando-se os regionais como uma "marca") a saber: Coca-Cola, AMBEV, Cadbury Schweppes e Marcas Regionais. Porém, esses atos de concentração ocorridos ao final da década de 90 do século XX também podem ser associados à inserção inicial do Brasil no processo de globalização. Foram, no entanto, processos de concentração com efeitos positivos e negativos, especialmente ao se considerar as pequenas e médias empresas. No *capítulo 5* serão apresentados mais elementos sobre os processos de concentração.

Desde o ano 2000 até os dias atuais, a economia brasileira tem sido marcada pela estabilidade do nível de preços. A renda da população apresenta bons resultados de crescimento e, desta forma, o consumo também vem evoluindo.

O GRÁF. 2 (II.1) demonstra a evolução do PIB no período de 2000-2010 (IBGE2):

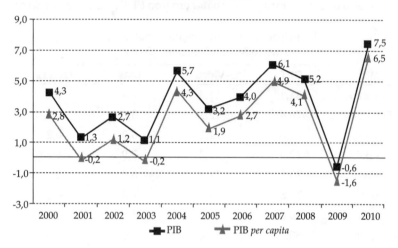

Gráfico II. 1 – PIB e PIB *per capita*
Taxa (%) de crescimento anual

Com relação ao setor de refrigerantes, a situação não tem sido favorável às pequenas e médias empresas. Das 850 empresas da década anterior restaram apenas 238 (AFREBRAS).[2] As grandes empresas fundiram-se em apenas duas, pois a Cadbury Schweppes foi incorporada à Coca-Cola, ocasionando uma situação de extrema concentração mercadológica. Já em relação à tributação, até 2009 manteve-se o sistema puro de IPI *ad rem*, apesar de o nível de preços ter se estabilizado há uma década, ou seja, continuou a ser calculado pelo volume e não pelo faturamento ou preço.

Santos e Azevedo (2003) abordam essa fase do setor de refrigerantes estabelecendo uma separação entre dois grandes grupos, o primeiro formado por poucas e grandes empresas, detentor de 75% do mercado, atuando no âmbito nacional e internacional, com produção em larga escala, forte esquema de distribuição e *marketing*, voltado aos consumidores de maior renda. O segundo, composto por um grande grupo de empresas regionais, com reduzida parcela de mercado e voltado ao público de menor renda.

Atualmente o setor de refrigerantes do Brasil é caracterizado pela formação de um grande oligopólio regulamentado e apoiado pelo

---

[2] Para Santos e Azevedo (2003), eram 700 empresas na década de 1990.

poder público, no qual duas grandes empresas detêm 75% do mercado, questões também abordadas no *capítulo 5*. Sobre o mesmo tema, observe-se o quadro:

Participação das principais empresas no mercado
brasileiro de refrigerantes (em %)

	2003	2004	2005	2006	2007	2008	2009	2010
Coca-Cola	50,1	50,6	53,3	54,7	56,0	56,2	56,6	58,1
AMBEV	16,6	16,9	17,0	16,9	17,1	17,7	17,8	17,7
Schincariol	2,1	2,3	2,8	2,8	2,9	3,4	4,0	4,0
Regionais	31,2	30,2	26,9	25,6	24,0	22,7	21,6	20,3

Fonte: AFREBRAS.

Os fabricantes regionais, quando considerados em conjunto como se fossem uma "única empresa", detém uma expressiva participação de mercado na faixa estimada de 20%, mas ainda pequena em relação à fatia de mercado somada dos dois principais jogadores do mercado que possuem juntos, aproximadamente, 75% do mercado de refrigerantes no Brasil.

Os dados demonstram o estabelecimento de um mercado oligopolista, no qual está ínsita a limitação à concorrência devido à concentração do poder de mercado, num ambiente propício às práticas anticompetitivas que visam manter o domínio econômico auferido e ainda galgar novas fatias de mercado de forma não natural.

Os defensores do oligopólio afirmam que a concentração de mercado é saudável para a economia, pois possibilita maiores investimentos pelas empresas de grande porte e, devido à economia de escala, existiria a tendência de prática de preços mais baixos. No entanto, essa situação não é constatada no setor de refrigerantes, uma vez que as grandes empresas, formadoras do oligopólio, não costumam reduzir os preços.

No Brasil, além do domínio de 75% do mercado por duas grandes corporações, existem os benefícios criados a partir de incentivos fiscais e tributos proporcionalmente inferiores que não são extensíveis e podem minar a sobrevivência das pequenas e médias empresas.

O estudo passa a enfrentar esse conjunto de fatores, decorrentes dos benefícios fiscais concedidos na Zona Franca de Manaus (ZFM) e seus impactos concorrenciais para os fabricantes de refrigerantes regionais.

4.2 Histórico da Zona Franca de Manaus (ZFM)

A Zona Franca de Manaus, doravante apenas ZFM, foi instituída pela Lei nº 3.173/1957 e posteriormente regulamentada por vários decretos.[3] Originariamente, a ZFM tinha como objetivo "armazenar, beneficiar e retirar mercadorias, artigos e produtos de qualquer natureza, provenientes do estrangeiro e destinados ao consumo da Amazônia, como dos países interessados, limítrofes do Brasil ou que sejam banhados por águas tributárias do rio Amazonas".[4]

Ataliba (1999) explica que a criação da AFM teve por pano de fundo grande expectativa em relação ao estabelecimento de um polo de desenvolvimento, apto à fixação do homem, atração de capitais e consumo da matéria prima local, por meio da criação de um centro industrial e econômico-demográfico na região que também atenderia a questões de segurança nacional, ainda que com sacrifícios para a União e demais estados.

A ideia inicial foi ampliada pelo Decreto-Lei nº 288/1967, para o fim de torná-la uma "área de livre comércio de importação e exportação e de *incentivos fiscais especiais*, estabelecida com a finalidade de criar no interior da Amazônia um centro industrial, comercial e agropecuário dotado de condições econômicas que permitam seu desenvolvimento, em face dos fatores locais e da grande distância a que se encontram os centros consumidores de seus produtos".

Foi a partir deste momento que houve a modificação do papel da ZFM, até então um entreposto aduaneiro, para ser um "instrumento de promoção do desenvolvimento regional, visando à integração da Amazônia na comunidade econômica brasileira, através da criação de condições que lhe assegurem, nessa comunidade, o lugar que lhe compete em função do pleno emprego de suas capacidades potenciais" (SOUZA, 2006). Em 1988 a ZFM ganhou reconhecimento constitucional, sendo mantida "com suas características de área de livre comércio" por expressa previsão do art. 40 do ADCT.

Como *instrumento de promoção do desenvolvimento regional*, o Decreto-Lei nº 288/1967 estabeleceu uma série de incentivos fiscais inseridos no Capítulo II da norma, dentre os quais a isenção do IPI (Imposto sobre Produtos Industrializados):

> Art. 9º Estão isentas do Imposto sobre Produtos Industrializados (IPI) todas as mercadorias produzidas na Zona Franca de Manaus, quer se

---

[3] Decretos nºs 47.757/1960, 51.114/1961 e 723/1962.

[4] Art. 1º da Lei nº 3.173/1957.

destinem ao seu consumo interno, quer à comercialização em qualquer ponto do Território Nacional.

Esses incentivos fiscais tornaram-se um dos atrativos principais da ZFM, conforme constava de um texto extraído em 2007 da página do órgão responsável pela sua administração (SUFRAMA1), estabelecidos com a finalidade de "1. Instalar no interior da Amazônia Ocidental um programa de desenvolvimento Industrial, Comercial e Agropecuário; 2. Gerar emprego e renda na Amazônia Ocidental, propiciando um efeito multiplicador na economia regional. 3. Buscar a ocupação econômica da Amazônia Ocidental e suas regiões fronteiriças; e atenuar as desigualdades existentes entre as duas amazônias e as demais regiões do Brasil".

A informação dá conta de que o modelo oferece uma redução de tributos de até 40% em relação ao restante do país e já atraíra empresas como a Coca-Cola, Honda, Gillette, Philips, Xerox, Panasonic, Toshiba, Sony, Kodak, Sanyo, LG, dentre outras.

Os benefícios fiscais como principal fator de incentivo para instalação de indústrias continuam sendo aplicados (SUFRAMA2). Todavia, o Decreto-Lei que instituiu a ZFM previu, em seu art. 7º, um conjunto de objetivos sociais que devem ser observados para que uma empresa possa instalar-se e usufruir dos benefícios e acabam por revelar o verdadeiro interesse público por trás da concessão de incentivos fiscais. Com efeito, não basta a criação da indústria na ZFM, é preciso que ela objetive o incremento de oferta de emprego na região; a concessão de benefícios sociais aos trabalhadores; a incorporação de tecnologias de produtos e de processos de produção compatíveis com o estado da arte e da técnica; níveis crescentes de produtividade e de competitividade; reinvestimento de lucros na região; e o investimento na formação e capacitação de recursos humanos para o desenvolvimento científico e tecnológico.

Portanto, o objetivo não é pura e simplesmente conceder incentivos fiscais, mas garantir que esses revertam em prol da sociedade local, contribuindo para o desenvolvimento da região amazônica.

Como o fundamento do regime instituído pela ZFM foi a situação econômico-social da região, parte de estratégia de pleno desenvolvimento da Amazônia que, naquele momento, foi qualificada de *interesse nacional*, a modificação do quadro socioeconômico é justificativa por si só para a reavaliação dos incentivos nos moldes originalmente criados.

Atualmente, os incentivos são usados em complexos planejamentos tributários com o principal, senão único, objetivo de permitir às empresas beneficiárias gozar dos incentivos fiscais, desgarrando-se das finalidades de desenvolvimento social da região Amazônica, em confronto, portanto, com o inicialmente estabelecido pelo legislador.

Essa situação afeta dramaticamente a concorrência no setor de refrigerantes, porque somente algumas empresas apresentam condições de instalação na ZFM e estas usufruem de um sistema de créditos tributários em cascata que impacta fortemente nos custos de produção, gerando reflexos no preço praticado para o consumidor final.

Os fabricantes regionais não têm acesso ao sistema de créditos tributários porque sua economia de escala é reduzida. Dessa forma, somente grandes empresas conseguem instalar-se na ZFM para usufruir dos benefícios fiscais, que repercutem sobre toda sua cadeia produtiva, com reflexos sobre os demais concorrentes que não possuem um idêntico ou semelhante incentivo.

Tal situação cria um ambiente propício à concorrência desleal de uma forma bastante atípica, como decorrência de um programa do Poder Público e, consequentemente, com impacto em toda a sociedade brasileira.

Passa-se à análise do impacto do IPI sobre a concorrência no setor de refrigerantes.

4.3 A isenção do IPI e seus reflexos sobre a concorrência no setor de refrigerantes

4.3.1 A natureza jurídica da isenção

A isenção é uma forma de exclusão do crédito tributário, que decorre de lei que especifique as condições e requisitos exigidos para a sua concessão, a qual tributo ela se aplica e o seu prazo de duração, se for o caso, tudo conforme artigos 175 e 176 do Código Tributário Nacional. O parágrafo único deste último ainda acrescenta ser possível a isenção restringir-se a uma determinada região do território, em função de condições peculiares, como é o caso da ZFM.

Palsen (2007, p. 1129) aborda a natureza jurídica da isenção como tendo por consequência a dispensa de cumprimento da obrigação. Souza (2006) menciona o entendimento no sentido da isenção impedir o próprio nascimento da obrigação tributária.

A isenção difere de outros mecanismos como a alíquota zero, a não incidência e a imunidade. No primeiro caso, representa uma solução encontrada para excluir o ônus da tributação sobre certos produtos, e tem como exemplo mais corriqueiro o IPI (Imposto sobre Produtos Industrializados), que pode ser reduzido ou elevado a qualquer tempo, independentemente de lei. No segundo caso, há a ausência de subsunção do fato à norma tributária impositiva. Finalmente, no terceiro caso, há uma norma negativa de competência constante do texto constitucional (PALSEN, 2007, p. 1130).

No caso da isenção, esta é tomada como uma forma de exclusão do crédito tributário.

No caso das indústrias instaladas na ZFM o benefício concedido por lei é uma isenção condicionada, porque sua instituição deu-se em razão de um interesse público envolvido que, no caso, à época, era garantir o desenvolvimento da região amazônica que estava distante do mercado consumidor e que precisava, urgentemente, ser ocupada. Souza (2006, p. 125, 126) considera que toda isenção se vincula a um objetivo que justifica a dispensa do pagamento do imposto em detrimento de sua arrecadação visando obter uma contraprestação indireta, decorrente do interesse público em que se fundamenta a concessão.

Portanto, a isenção estabelecida para as indústrias que instalam na ZFM é condicionada ao atendimento de um conjunto de objetivos que configuram o interesse público do Estado. Se tais objetivos não estão mais sendo atendidos é possível, então, buscar a revisão do incentivo concedido. Por outro lado, aplicando-se a mesma lógica, a indústria que desatender os objetivos previstos em lei poderá ter revisado o regime de isenções concedido no âmbito da ZFM.

4.3.2 Os reflexos sobre o setor de refrigerantes: a interface tributação/concorrência

O art. 9º do Decreto-Lei nº 288/1967, com redação dada pela Lei nº 8.387/1991, estabelece a isenção do IPI para mercadorias produzidas na ZFM.

O incentivo foi concedido amparado no princípio da igualdade e do reconhecimento de uma posição federativa diferenciada, como destacou Ávila (2007, p. 68, 69) ao analisar o embate entre o Estado de São Paulo e do Amazonas a respeito de leis concessivas de incentivos tributários no âmbito do ICMS, para quem a ZFM decorre de fatores locais e da distância dos centros de consumidores dos seus produtos: "Como o juízo de igualdade (*Gleichheitsurteil*) pressupõe comparabilidade (*Vergleichbarkeit*) entre dois sujeitos com base num mesmo critério, ele só é viável quando os dois sujeitos forem comparáveis com base no mesmo critério. Se os sujeitos, de que são exemplos os entes federados, não puderem ser comparados com base no mesmo critério, não poderá haver um juízo de igualdade".

Conquanto reconheça-se a função calibradora da instituição da ZFM para superar ou diminuir as desigualdades socioeconômicas das regiões por ela abrangidas, não é possível descurar dos efeitos colaterais que a isenção do IPI provoca em face dos demais concorrentes de um dado mercado, como é o caso do refrigerante, para os concorrentes que não conseguem usufruir dos mesmos benefícios porque não estão instaladas na região amazônica. Lembre-se que os maiores produtores de refrigerantes fabricam seus concentrados na ZFM, muito embora, do ponto de vista da estrita racionalidade produtiva, não se possa vislumbrar de plano a justificativa para sua produção naquele local porque a) está distante das fábricas produtoras de refrigerantes para as quais se destinam; e b) está distante dos maiores centros consumidores.

Logo, a justificativa para o sistema atual das grandes empresas detentoras de 75% do mercado de refrigerantes é unicamente de natureza tributária. Com a produção do concentrado é possível acumular créditos que são repassados, ao final, para o preço do produto, ganhando, assim, de forma artificial, maior competitividade em relação aos demais concorrentes que não apresentam condições de instalação na ZFM.

Para que se entenda o sistema, o art. 1º da Lei nº 9.363/1996 estabelece que:

> a empresa produtora e exportadora de mercadorias nacionais fará jus a crédito presumido do Imposto sobre Produtos Industrializados, como ressarcimento das contribuições de que tratam as Leis Complementares n. 7, de 7 de setembro de 1970, 8, de 3 de dezembro de 1970, e 70, de 30 de dezembro de 1991, incidentes sobre as respectivas aquisições, no mercado interno, de matérias primas, produtos intermediários e material de embalagem, para utilização no processo produtivo. Parágrafo único. O disposto neste artigo aplica-se, inclusive, nos casos de venda a empresa comercial exportadora com o fim específico de exportação para o exterior.

No art. 2º da mesma lei, é estabelecida a forma de apuração do crédito presumido, prevendo a possibilidade da transferência desse crédito para outro estabelecimento da empresa para efeito de compensação:

> A base de cálculo do crédito presumido será determinada mediante a aplicação, sobre o valor total das aquisições de matérias primas,

produtos intermediários e material de embalagem referidos no artigo anterior, do percentual correspondente à relação entre a receita de exportação e a receita operacional bruta do produtor exportador.

§1º O crédito fiscal será o resultado da aplicação do percentual de 5,37% sobre a base de cálculo definida neste artigo.

§2º No caso de empresa com mais de um estabelecimento produtor exportador, a apuração do crédito presumido poderá ser centralizada na matriz.

§3º O crédito presumido, apurado na forma do parágrafo anterior, poderá ser transferido para qualquer estabelecimento da empresa para efeito de compensação com o Imposto sobre Produtos Industrializados, observadas as normas expedidas pela Secretaria da Receita Federal.

Em razão da disposição legal, o IPI gerado pela comercialização do refrigerante é anulado ou reduzido em razão da apropriação dos créditos criados a partir da fabricação do concentrado. Chama atenção, inclusive, o fato de que o cálculo do crédito parte de um sistema *ad valorem*, enquanto o IPI que é pago por ocasião da produção do refrigerante é baseado no sistema *ad rem*. Em outras palavras, como o crédito é gerado sobre o valor da operação apurada na ZFM, quanto maior o valor da operação maior o valor do crédito gerado.

Como a norma permite a transferência desse crédito, o IPI gerado pela produção do refrigerante é anulado total ou parcialmente pelo crédito gerado na ZFM, conferindo um diferencial competitivo, pois a concorrência não consegue produzir os mesmos créditos que os concorrentes de maior porte, ficando, por isso, prejudicada em relação ao preço final do produto e, consequentemente, perdendo espaço no mercado. Importante destacar que o mercado de refrigerantes é muito sensível ao fator preço, ou seja, qualquer ganho neste item, por mínimo que seja, impacta substancialmente nos demais concorrentes (SANTOS; AZEVEDO, 2003).

Os maiores jogadores do setor de refrigerantes possuem empresas que produzem o concentrado na ZFM, e como representam aproximadamente 75% do mercado de refrigerantes, é possível inferir que o pagamento do IPI por ocasião da fabricação do refrigerante, do qual o concentrado é um dos principais insumos, resta atingido pelos créditos derivados do IPI incidente sobre o concentrado.

A união entre isenção e a possibilidade da transferência dos créditos cria um fator de competitividade exógeno não ligado à maior eficiência ou competência concorrencial. Trata-se de uma anomalia que afeta a concorrência, porque os fabricantes regionais, em sua maioria compostos de pequenas e médias empresas, são obrigados a pagar o IPI sem qualquer diferimento, pois não possuem acesso aos créditos oriundos da ZFM.

Além da destinação que parece ser a mais evidente, que é o uso do crédito para pagar o IPI gerado por ocasião da fabricação do refrigerante, eventuais sobras desses créditos podem ser direcionadas para o custo do *marketing* e, principalmente, para a redução do preço de outros sabores de refrigerantes, propiciando o ataque à concorrência dos fabricantes regionais mediante equivalência de preços.

Dessa forma, os refrigerantes dos grandes jogadores do mercado, afora os que representam o carro chefe da lista dos mais vendidos, podem ser usados como espécies de marcas de combate para atacar os fabricantes regionais nos locais onde atuam, por meio da redução dos preços, tendo em vista a redução dos custos finais decorrente da compensação com créditos de IPI gerados em operações da ZFM.

Não se trata, portanto, de uma hipótese natural de concorrência para ganhar mercado porque o ambiente competitivo não é neutro neste caso. De fato, para que a maior eficiência possa ser considerada um diferencial na concorrência é preciso que o ambiente competitivo seja neutro, sem benefícios de qualquer ordem, especialmente tributários, que produzam reflexo expressivo no custo do produto.

4.3.3 O posicionamento do Supremo Tribunal Federal: antinomia

Conforme destacado, os incentivos fiscais concedidos na ZFM estão previstos em legislação federal e foram expressamente reconhecidos pela Constituição Federal no art. 40 do ADCT. Dentre os principais benefícios tributários se destaca a dupla desoneração relativa ao IPI na fabricação de refrigerantes, que conta com a isenção do tributo durante a industrialização dos concentrados para as grandes empresas e que ainda proporciona crédito presumido passível de compensação durante as etapas de industrialização fora da ZFM.

Sobre o tema, o Supremo Tribunal Federal já se pronunciou em mais de uma ocasião no sentido de reconhecer a validade desse procedimento de creditamento do IPI na industrialização dos concentrados da ZFM, afirmando que não há ofensa à Constituição Federal.[5] A análise,

---

[5] Como exemplo, cite-se a Reclamação nº 7778, que confirmou em caráter liminar esse posicionamento, e o Recurso Extraordinário nº 212.484, cujo acórdão recebeu a seguinte ementa:

contudo, é restrita a situações peculiares como a da ZFM, em que além da isenção instituída pela legislação federal há a expressa previsão do creditamento do IPI nas etapas de industrialização subsequentes.

Com efeito, ao examinar a isenção sob o critério objetivo o STF já reconheceu a impossibilidade de creditamento decorrente da aquisição de insumo isento. Caso recente é o do julgamento do Recurso Extraordinário nº 566.819, cuja ementa é a seguinte:

> IPI – CRÉDITO. A regra constitucional direciona ao crédito do valor cobrado na operação anterior. IPI – CRÉDITO – INSUMO ISENTO. Em decorrência do sistema tributário constitucional, o instituto da isenção não gera, por si só, direito a crédito. IPI – CRÉDITO – DIFERENÇA – INSUMO – ALÍQUOTA. A prática de alíquota menor – para alguns, passível de ser rotulada como isenção parcial – não gera o direito a diferença de crédito, considerada a do produto final.
>
> (RE nº 566819, Relator(a): Min. MARCO AURÉLIO, Tribunal Pleno, julgado em 29.09.2010, DJe-027 DIVULG.: 09.02.2011 PUBLIC.: 10.02.2011 EMENT VOL-02461-02 PP-00445)

A partir desse julgado é possível perceber que as formas de desoneração tributária baseadas em alíquota zero, não tributação e isenção não geram, por si só, direito a qualquer creditamento de IPI para as etapas posteriores de industrialização. Nem mesmo quando há diferença de alíquota entre a operação de entrada e de saída estaria o contribuinte imediatamente autorizado a utilizá-la como crédito nas operações posteriores. Afinal, conforme asseverou a Min. Ellen Gracie em seu voto-vista:

> (...)
>
> O art. 155, §2º, II da Constituição federal veda a apropriação de créditos de ICMS nas entradas isentas e naquelas em que não há incidência. Quanto ao IPI, na ausência de dispositivo sobre a matéria, impõe-se analisar se existe tal direito como decorrência direta da técnica da não-cumultaividade de que cuida o art. 153, §3º, II, da Constituição ou se depende de lei autorizadora, por configurar benefício fiscal que extrapola essa sistemática.
>
> (...)

CONSTITUCIONAL. TRIBUTÁRIO. IPI. ISENÇÃO INCIDENTE SOBRE INSUMOS. DIREITO DE CRÉDITO. PRINCÍPIO DA NÃO CUMULATIVIDADE. OFENSA NÃO CARACTERIZADA. Não ocorre ofensa à CF (art. 153, §3º, II) quando o contribuinte do IPI credita-se do valor do tributo incidente sobre insumos adquiridos sob o regime de isenção. Recurso não conhecido (RE nº 212.484, Rel. Min. Ilmar Galvão, julg. em 05.03.1998).

Como visto, a não-cumulatividade de que cuida o art. 153, §3º, II da Constituição não é instrumento de tributação do valor agregado. É, isso sim, mecanismo que se limita a autorizar a dedução exata do imposto já suportado na entrada.

Não há como pretender a apropriação de créditos na operação de entrada tendo como referência a alíquota devida na saída dos produtos. Só o que foi suportado é que pode ser objeto de compensação.

Conclui-se que a possibilidade de creditamento de tributos em caso de desoneração (isenção, não tributação, alíquota zero) constitui benefício fiscal alheio à não cumulatividade e, portanto, somente autorizado mediante previsão legal. Isto é, a possibilidade de creditamento do IPI não decorre de previsão constitucional e tampouco é inerente à natureza do tributo. Acrescente-se, ainda, que no caso da ZFM existe uma diferença entre o sistema de criação do crédito, baseado em alíquota *ad valorem*, e o sistema de criação do débito, baseado em alíquota *ad rem* apresentada na tabela TIPI, Capítulos 21 e 22.

O benefício fiscal encontrado na ZFM está fundamentado exclusivamente no permissivo previsto na legislação federal, constituindo benesse concedida pelo Poder Público e passível de revisão a qualquer momento.

Destaque-se que não se está analisando a validade dos benefícios fiscais concedidos na ZFM, mas sim o conflito decorrente do desequilíbrio gerado pela concessão de benefícios a apenas uma parte do setor industrial. Afinal, embora o sistema de incentivos fiscais existente na ZFM goze de reconhecimento constitucional (art. 40 do ADCT), o que se pretende destacar é que o planejamento tributário desenvolvido apenas pelos grandes jogadores do mercado e com base nesses benefícios propicia um conflito com princípios fundamentais da ordem econômica brasileira como o da livre concorrência, conforme exposto adiante.

4.4 A tributação e sua influência na concorrência: reconhecimento constitucional

A Emenda Constitucional nº 42/2003 inseriu o art. 146-A no texto constitucional, o qual revela a possibilidade de o Estado estabelecer critérios especiais de tributação que tenham por objetivo prevenir desequilíbrios no âmbito da concorrência.[6] O legislador,

---

[6] Art. 146-A. Lei complementar poderá estabelecer critérios especiais de tributação, com o objetivo de prevenir desequilíbrios da concorrência, sem prejuízo da competência de a União, por lei, estabelecer normas de igual objetivo.

portanto, reconhece expressamente que a tributação pode afetar a livre concorrência. Importante pontuar, contudo, que essa norma constitucional surgiu em razão da necessidade de coibir o desequilíbrio concorrencial decorrente da sonegação fiscal, muito embora seja possível sustentar que não se limita apenas a essa finalidade. Rocha e Faro (2010, p. 27) destacam o ambiente que originou a alteração que "resultou o artigo em referência atendeu ao anseio da classe empresarial, como forma de impedir que a livre concorrência pudesse ter seus efeitos mitigados em razão de práticas reiteradas de sonegação fiscal".

Para Martins (2005, p. 97) "a matéria mencionada já estava implícita na Constituição Federal, visto que não poderia a lei tributária, sob o risco de gerar descompetitividade, ser elaborada de forma a provocar descompassos, pois estaria ferindo princípios fundamentais de direito tributário, como o princípio da isonomia, da capacidade contributiva e da vedação ao efeito confisco" e, indo mais além, conclui que existe "um poder-dever, no sentido de que a lei complementar deve ser produzida estabelecendo normas gerais de direito tributário, o que supostamente elimina desequilíbrios concorrenciais".

Trata-se, portanto de um princípio geral do sistema tributário brasileiro, e como tal não pode deixar de ser aplicado em qualquer das normas tributárias editadas. Bragança (2001, p. 145), destaca, ao analisar a teoria de Ronald Coase a respeito dos custos de transação e das externalidades negativas, que os tributos afetam a concorrência pois: "Os objetivos pretendidos pela tentativa de criação de um ambiente competitivo são frustrados ou encontram óbice devido à forma de tributação". Logo, da cobrança de um tributo pode se originar uma assimetria concorrencial.

Para Souza (2006): "É inegável a influência do tributo na competição entre as empresas pela conquista de mercado, cujo sucesso dependerá, dentre outros fatores, do aumento da sua eficiência tributária que, por sua vez, implicará melhor condição de competir". Greco (2004, p. 39) destaca, neste sentido, que a distorção pode ocorrer de duas formas: a) em razão de as leis fiscais gerarem distorções ou desigualdades num mesmo setor; ou b) se as leis estão adequadamente formuladas, mas sua aplicação concreta não faz com que sua potencialidade total se efetive. O primeiro caso tem como exemplo a questão versada neste capítulo, que é o crédito gerado na ZFM e posteriormente transferido, o que causa desvios concorrenciais a partir do fato de que os fabricantes regionais pagam IPI e os grandes fabricantes não pagam ou o pagam em alíquotas sensivelmente inferiores, ainda que albergados pela norma legal. No segundo caso, tem-se como exemplo a concessão de liminares que suspendem o pagamento de tributos, ou mesmo a incapacidade do Estado de fiscalizar efetivamente o cumprimento da norma tributária e promover sua aplicação prática. Trata-se, portanto, de um caso específico em que a lei fiscal gera distorções e desigualdades na seara concorrencial.

A situação é atípica porque o crédito gerado acaba criando uma nova receita não operacional, à medida que, além de não existir o pagamento do IPI do concentrado, que é insumo essencial, o crédito gerado pode, ainda, ser utilizado para compensar o IPI dos produtos finais (refrigerante) em outros Estados nos quais as empresas tenham estabelecimentos. Essa forma de atuação fica evidente, por exemplo, quando se observa que engarrafadoras buscam a via judicial para garantir acesso a esse sistema.[7]

Constam dos objetivos fundamentais da República Federativa do Brasil, a garantia ao desenvolvimento nacional e a redução das desigualdades sociais e regionais,[8] o que alberga o tratamento diferenciado na ZFM. Todavia, o mesmo preceito constitucional possui um reverso que precisa ser considerado, e que consiste justamente na redução de um lado e aumento de outro das desigualdades regionais, na medida em que a manutenção do sistema atual produzirá mais concentração de mercado, a partir do fechamento das regionais, bem como desemprego e prejuízos ao desenvolvimento social das regiões em que estão instaladas.

Trata-se de um "hard case", uma antinomia principiológica que exige a intervenção do Judiciário para a correção de distorções decorrentes da prevalência de um princípio sobre outro, ambos acolhidos pela Carta Magna. O princípio da ponderação poderia aqui ser invocado, se nossos dignos magistrados se sentirem em condição de afastar o dogmatismo extremado que ultimamente tem prevalecido nas decisões do Supremo Tribunal Federal.

Mas o conflito principiológico não se esgota na antinomia "livre concorrência *versus* isonomia regional", pois outros princípios são deixados de lado em nome da manutenção da isonomia regional. O principal deles é o princípio da livre iniciativa.[9]

E mais, ainda existem os valores que devem orientar a ordem econômica, dentre os quais a justiça social; o desenvolvimento econômico; a liberdade de iniciativa; a livre concorrência; a valorização do trabalho

---

[7] Reclamação nº 7.778, do Supremo Tribunal Federal.

[8] Art. 3º da Constituição Federal de 1988.

[9] Art. 1º, IV, da Constituição Federal de 1988.

humano; a função social da propriedade; a expansão das oportunidades de emprego; a soberania nacional; a defesa do consumidor; a defesa do meio ambiente; favorecimento às empresas nacionais de pequeno porte; os direitos do trabalhador (FERREIRA FILHO, 2006).

Consequentemente, a manutenção do sistema vigente viola esse conjunto de princípios constitucionais, pois: a) impede o desenvolvimento econômico de diversas cidades periféricas onde se concentram os fabricantes de refrigerantes nacionais, visto que as grandes corporações constroem suas fábricas em regiões já desenvolvidas para valerem-se dos melhores mecanismos de logística, de mercado consumidor (capitais), etc.; b) afeta a livre concorrência no mercado de refrigerantes, pois confere tratamento *pretensamente isonômico* entre agentes econômicos que possuem capacidades contributivas diferentes; c) afeta a expansão das oportunidades de emprego, pois em cidades periféricas é notória a carência de postos de trabalho de melhor qualidade que poderiam ser fornecidos por pequenos e médios fabricantes de refrigerantes; d) fere a proteção às empresas nacionais de pequeno porte, uma vez que lhes impede de continuar no mercado; e, e) ferem-se os direitos dos trabalhadores, pois estes são tolhidos nas oportunidades de emprego e numa melhor condição de vida aos seus familiares.

O Estado, portanto, tem um papel fundamental no controle da livre concorrência, o que pode ocorrer também via tributação, como expressamente reconhecido no art. 146-A da Constituição Federal, que prevê a possibilidade de o Estado não somente *coibir* o abuso na concorrência, mas de atuar ativamente na *prevenção* do abuso concorrencial. Na hipótese trazida à colação fica demonstrada a existência de outro viés não considerado pelo legislador, que é a possibilidade de um sistema de incentivos fiscais prejudicar a livre concorrência, ainda que não intencionalmente.

Assim, a concessão de incentivos fiscais na ZFM com a transferência de créditos de IPI, aliado ao fato de que somente os grandes *players* do mercado conseguiram instalar-se naquele local, importa numa forma ainda pouco estudada de concorrência desleal, com viés no abuso do poder econômico. Afonso da Silva (2004, p. 775, 776), ao tratar da livre concorrência, o faz sob o enfoque do abuso do poder econômico pois a "Constituição reconhece a existência do poder econômico. Este não é, pois, condenado pelo regime constitucional. Não raro, esse poder econômico é exercido de maneira anti-social. Cabe, então, ao Estado intervir para coibir o abuso".

Bastos (1995, p. 196) lembra que nem toda forma de competição é lícita, demandando limitações em benefício da preservação do próprio mercado e do direito de permanecer do agente.

Se de um lado o Estado precisa respeitar a livre iniciativa, e de outro há previsão para a concessão de incentivos fiscais, é preciso encontrar o ponto de equilíbrio necessário. É certo que o Estado não deve atuar de forma a provocar desvios à livre concorrência, como é caso do IPI e do seu crédito presumido na ZFM. No caso do setor de refrigerantes, a pretexto de fomentar-se o desenvolvimento da região amazônica, a norma causou grave desequilíbrio na equação concorrencial, e retirou dos pequenos e médios fabricantes um dos principais fatores de competitividade, o preço.

Como resultado da sistemática de crédito presumido concedido para os grandes fabricantes de refrigerantes, a concorrência passou a ser desigual e, assim, instala-se ambiente propício a: a) eliminação da concorrência; b) aumento abusivo do lucro; c) lesão ao consumidor de menor poder aquisitivo, que será privado do acesso ao produto refrigerante; d) lesão ao consumidor de maior poder aquisitivo, que será obrigado a pagar ainda mais pelo produto refrigerante em razão da alta concentração de mercado.

Souza (2006) conclui que o Estado deve respeitar o princípio da neutralidade do tributo, ou seja, o Estado, ao instituir um determinado tributo não pode, com isso, afetar a livre concorrência. Também Scaff (2006, p. 78) destaca o "Princípio da Neutralidade Econômica dos Tributos, que impede que este tipo de 'intervenção econômica' do Estado cause desequilíbrios concorrenciais".

Ainda a esse respeito, Rocha e Faro (2010, p. 18) destacam a importância da neutralidade tributária a partir da noção de ineficiência gerada com impactos sobre o bem-estar: "A política tributária, se não equacionada com outros objetivos da política econômica, pode ocasionar desequilíbrios concorrências, como nos casos da guerra fiscal, da sobrecarga tributária setorial e da informalidade".

O princípio da neutralidade é mais notoriamente aplicado em matéria de "guerra fiscal", mas aplica-se ao caso em tela na medida em que tem como agente direto causador da falta de neutralidade o próprio Estado, que nega seu papel constitucional em matéria de livre concorrência ao instituir o crédito presumido do IPI na ZFM, para o setor de refrigerantes, sem a devida contrapartida legal.

A ausência de neutralidade tributária tem servido para a alocação de investimentos na ZFM e, por conseguinte, provocado desequilíbrio concorrencial no setor de refrigerantes, distanciando-se do objetivo do legislador quando da criação daquela.

4.5 A concessão de incentivos fiscais na ZFM: inobservância dos objetivos fixados pelo legislador

Ao ampliar os objetivos da ZFM e criar benefícios tributários, o Decreto-Lei nº 288/1967 fixou diversos requisitos a serem cumpridos pelas empresas instaladas nessa área para que os produtos industrializados não perdessem os incentivos fiscais quando fossem destinados ao território nacional.[10]

Em relação aos tributos incidentes sobre os insumos e matérias primas estrangeiras, ficou previsto que sua redução somente seria mantida caso os projetos de industrialização aprovados pela Suframa objetivassem, cumulativamente, o incremento de oferta e emprego na região (alínea "a"); a concessão de benefícios sociais aos trabalhadores (alínea "b"); a capacitação de recursos humanos para o desenvolvimento científico e tecnológico (alínea "f"); além de outros objetivos ligados à promoção social daquela região e já destacados em tópico anterior.

Enfatiza-se que a concessão de incentivos fiscais para produtos industrializados na ZFM e destinados ao mercado interno teve como objetivo a geração de empregos para o desenvolvimento social da Amazônia Ocidental, pois somente com a fixação da população naquele território se poderia promover um centro econômico-demográfico capaz de propiciar o desenvolvimento da região.

Diante disso, além de figurar como premissa fática para a concessão de benefícios tributários, a geração de empregos deve pautar a fiscalização da Suframa em relação à renovação e manutenção de incentivos fiscais aos produtos destinados ao mercado interno. Afinal, o §7º do art. 7º dispõe que a redução tarifária "somente será deferida a produtos industrializados previstos em projeto aprovado pelo Conselho de Administração da Suframa" que objetive, dentre outros fins sociais, "o incremento de oferta de emprego na região".

Por consequência, os projetos desenvolvidos pelas empresas sediadas na ZFM devem apontar um equilíbrio entre o faturamento obtido e a respectiva geração de empregos, já que os produtos destinados ao mercado interno somente estarão sujeitos a uma menor carga tributária quando o projeto de industrialização implantado estiver priorizando a oferta proporcional de postos de trabalho à população local.

Nesse sentido, ao exigir o atendimento de tais objetivos sociais como requisito para a instalação de indústrias na ZFM, o Decreto-Lei nº 288/1967 destacou o interesse nacional[11] contido na busca pelo

---

[10] Art. 7º, §7º, II, "a", do Decreto-Lei nº 288/1967.

[11] ATALIBA; GIARDINO, 1999, p. 207.

desenvolvimento dessa região, fixando como premissa básica a correlação entre o desenvolvimento econômico das empresas e o desenvolvimento social de uma área que se encontra tão afastada dos principais centros produtivos do território nacional.

Por outro lado, essa vinculação entre desenvolvimento econômico e social constitui verdadeiro parâmetro de equilíbrio que deve ser constantemente auferido para a renovação de incentivos econômicos aos produtos destinados ao mercado interno, o que revela, em última análise, uma releitura da função social da empresa. Afinal, os objetivos estritamente econômicos presentes na produção de bens de consumo recebem uma conotação social específica quando se trata da ZFM, visto que a concessão de incentivos fiscais para o desenvolvimento industrial dessa área está vinculada à consecução de objetivos sociais predefinidos.

Diante disso, como a fiscalização dos projetos desenvolvidos na ZFM envolve principalmente a observância de tais objetivos pelas empresas lá instaladas, os relatórios de gestão apresentados pela Suframa ganham fundamental importância, pois apresentam dados concretos sobre produção, investimento e mão de obra empregada em cada setor industrial daquela região, permitindo que seja aferida a efetiva correlação entre a evolução do faturamento das empresas e a alocação e capacitação da mão de obra local.

No entanto, ao se analisar os últimos relatórios de gestão disponibilizados por essa autarquia, que responde pela administração da ZFM e pela fiscalização quanto ao cumprimento daqueles objetivos sociais, é possível notar que diversos projetos voltados ao mercado interno não cumprem os requisitos definidos no Decreto-Lei nº 288/1967 e, mesmo assim, foram aprovados e continuam se beneficiando dos incentivos fiscais.

Com efeito, a partir dos últimos dados disponibilizados até 2006 (SUFRAMA3), porque depois disso os dados passaram a não ser mais divulgados, é possível notar uma clara disparidade entre o faturamento de algumas empresas fabricantes de concentrados para bebidas não alcoólicas e a respectiva geração de empregos, especialmente quando comparados aos dados de outras indústrias presentes na região.

Comparativo de empresas por ordem de faturamento mão de obra

Empresas por ordem de Faturamento	Faturamento	Mão de Obra	Faturamento/ emprego gerado
Moto Honda da Amazônia Ltda.	5.902.897.501,00	5672,83	1.040.556,04
Nokia do Brasil Tecnologia Ltda.	3.548.313.668,00	2085,17	1.701.690,35
*Recofarma Ind. do Amazonas Ltda.**	*2.439.382.281,00*	*155,08*	*15.729.831,58*
Phillips da Amazônia Ind. Eletr. Ltda.	2.080.620.125,00	2036,58	1.021.624,55
Samsung Eletr. da Amazônia Ltda.	1.921.419.615,00	944,58	2.034.152,34
Total	**20.048.279.101,00**	**18648,74**	**20.487.298,82**
Média Geral	**3.178.526.638,00**	**2.178,85**	**4.305.570,97**
Média sem Recofarma	**3.363.312.727,25**	**2.684,79**	**1.449.502,82**

Fonte: Estimativas da AFREBRAS – Associação Brasileira dos Fabricantes de Refrigerantes do Brasil elaborada a partir dos relatórios de gestão disponibilizados pela Suframa.

*fabricante do concentrado para Coca-Cola

Como é possível perceber na tabela acima, enquanto indústrias de bens de consumo como Samsung, Phillips e Moto Honda operam projetos capazes de desenvolver a região amazônica mediante larga geração de empregos, desenvolvimento tecnológico e benefícios trabalhistas, as empresas atuantes no ramo de concentrados pouco contribuem para o desenvolvimento da região, visto que os postos de trabalho gerados são manifestamente desproporcionais ao faturamento obtido.

De modo geral, as empresas sediadas na ZFM possuem um equilíbrio entre faturamento e geração de empregos. Quanto maior aquele, maior a geração, o que não ocorre no caso das fabricantes de concentrado, que possuem uma equação inversa, ou seja, quanto maior o faturamento menor a geração de empregos.

A tabela adiante demonstra a *performance* entre faturamento e mão de obra e revela o equilíbrio entre as principais empresas instaladas na ZFM.

Comparativo entre o desempenho da mão de obra e faturamento das empresas

Desempenho da mão de obra	Empresas	Empregos	Ordem Faturamento	Faturamento
1º	Moto Honda	5672,83	1ª	5.902.897.501,00
2º	Nokia do Brasil	2085,17	2ª	3.548.313.668,00
3º	LG	2201,08	6ª	1.756.854.429,00
4º	Philips	2306,58	4ª	2.080.620.125,00
5º	Semp Toshiba	1608,42	7ª	1.594.781.714,00
6º	Yamaha	1701,08	8ª	1.234.191.019,00

Fonte: Estimativa da AFREBRAS com base nos dados da Suframa.

Considerando o comportamento da geração de empregos e o faturamento segundo os dados consolidados até 2006, a maioria das empresas segue uma lógica econômica que estabelece a proporcionalidade entre o faturamento e a geração de postos de trabalho. Assim, os maiores faturamentos são daquelas que geram o maior número de empregos. Mas a situação dos fabricantes de concentrados rompe com essa lógica, e, paradoxalmente, são eles que possuem o terceiro maior faturamento do Polo Industrial de Manaus (PIM) e um desempenho aquém das empresas que são apresentadas na tabela, apresentando um desempenho de mão de obra baixo, uma vez que não se encontram nem entre as 50 maiores geradoras de empregos na região.

Os dados econômicos acima apresentados demonstram a desproporcionalidade entre faturamento e a geração de empregos no caso específico, o que já induz ao questionamento da necessidade dos incentivos fiscais e da sua utilidade para que sejam atingidos os objetivos para os quais foi criada a ZFM no que se refere ao setor de bebidas. Por outro lado, a ausência de dados atualizados sobre produção, faturamento e mão de obra das empresas atuantes na ZFM revela, em certa medida, uma omissão da Suframa na fiscalização da adequação do Polo Industrial de Manaus (PIM) ao interesse nacional legalmente disciplinado para aquela região.

4.6 Outros benefícios fiscais que desequilibram a concorrência no setor de refrigerantes

4.6.1 Da subsunção dos grandes *players* à legislação federal e estadual que trata da ZFM para o ICMS: necessidade de fiscalização ativa para inibição de práticas anticompetitivas

Além dos aspectos já mencionados, nota-se que, embora as grandes empresas do setor de bebidas possuam fábricas de concentrados instaladas na ZFM, não é possível aferir se atendem aos requisitos legais autorizadores para a concessão de incentivos fiscais relativos ao ICMS, o que abre espaço para condutas anticompetitivas e propicia o desequilíbrio concorrencial decorrente de fatores tributários.

Com efeito, o art. 95, III, do Decreto n⁰ 7.212/2010, que regulamenta o IPI (RIPI), estabelece a isenção do imposto sobre os produtos elaborados pelas indústrias da ZFM a partir de "matérias-primas agrícolas e extrativas vegetais de produção regional". Trata-se de hipótese de *suspensão* do IPI para as remessas de produtos industrializados para consumo interno, com *industrialização* ou utilização na Zona Franca de Manaus, que posteriormente se convertem em isenção por ocasião de sua entrada naquela área, conforme disposto no art. 84 do regulamento.

Também é o que se extrai do art. 6⁰, §1⁰, do Decreto-Lei n⁰ 1.435/1975, que estabelece a isenção do imposto para "os produtos elaborados com matérias-primas agrícolas e extrativas vegetais de produção regional" e garante a geração de "crédito do Imposto sobre Produtos Industrializados, calculado como se devido fosse" sempre que esses produtos sejam "empregados como matérias-primas, produtos intermediários ou materiais de embalagem, na industrialização, em qualquer ponto do território nacional, de produtos efetivamente sujeitos ao pagamento do referido imposto".

Logo, nota-se que a ZFM busca incentivar a produção mediante a utilização de produtos elaborados com matérias-primas agrícolas e extrativas vegetais de produção regional, destacando sua passagem por industrialização efetiva e voltada à obtenção de produtos com efetiva agregação de valor e conteúdo.

Importante destacar que a exigência de um processo efetivo de industrialização, baseado em etapas produtivas básicas, consiste em mecanismo de inibição de práticas anticompetitivas das empresas com grande poder econômico, visto que poderiam se beneficiar dos incentivos fiscais por meio do mero empacotamento, em suas fábricas instaladas na ZFM, de produtos industrializados em outros pontos do território nacional ou mesmo oriundos de estados estrangeiros. Por tais aspectos o art. 81, II, do referido Regulamento garante a isenção do IPI somente aos produtos "que não sejam industrializados pelas modalidades de acondicionamento ou reacondicionamento, destinados à comercialização em qualquer outro ponto do território nacional".

No caso específico deste capítulo, os processos produtivos básicos dos concentrados para refrigerantes estão definidos na Portaria Interministerial MCT/MICT/MPO nº 8/1998 e consistem em "a) dosagem das matérias-primas; b) mistura das matérias-primas sólidas ou líquidas; e c) homogeneização, quando necessário" (art. 1º, II), sendo que todas essas etapas devem ser, "obrigatoriamente, realizadas na Zona Franca de Manaus" (art. 1º, §1º).

Ocorre que, no caso do ICMS, o problema ganha maior proporção na medida em que, por meio do Convênio ICM nº 65/88, foi instituída *isenção* para as saídas de produtos industrializados de origem nacional para comercialização ou industrialização na ZFM, benefício mais tarde estendido para as chamadas Áreas de Livre Comércio situadas em diversos pontos da região amazônica. A fruição do benefício condiciona-se à concessão, pelo remetente, de desconto equivalente ao imposto que seria devido caso não houvesse a isenção,[12] valor que se transforma em crédito presumido para o destinatário da mercadoria, nos termos da cláusula quarta do mencionado acordo.

Baseado nessa autorização, o estado do Amazonas editou a Lei Estadual nº 2.826/2003, que institui incentivo denominado *crédito estímulo* de ICMS para vasta gama de produtos e que pode chegar a até 90,25% do imposto devido (art. 13). No entanto, seguindo a mesma linha de fiscalização e prevenção de condutas anticompetitivas, cuidou de excluir expressamente as atividades de *acondicionamento e reacondicionamento* do rol de processos produtivos abarcados pelo estímulo fiscal.

Nesse ponto, é importante analisar a real intenção do legislador ao criar esses benefícios fiscais. Com efeito, somente se justificam tais benesses se entendido que a atividade a ser desenvolvida é de interesse para o desenvolvimento do Estado, na medida em que gera o adensamento da cadeia produtiva. Logo, a ZFM não pode, em razão dos seus objetivos, servir apenas e tão somente para o acondicionamento e reacondicionamento de produtos, por não trazer desenvolvimento para a região, nem tão pouco agregar conhecimento à mão de obra.

---

[12] §2º da cláusula primeira.

Seguindo essas premissas, a referida Lei Estadual nº 2.826/03 também deixa claro que "a concessão dos incentivos fiscais caberá unicamente aos produtos resultantes de atividades consideradas de fundamental interesse para o desenvolvimento do Estado" (art. 4º). Toma como de fundamental interesse para o desenvolvimento do Estado, a teor do §1º, as atividades que, dentre outras, "concorram para o adensamento da cadeia produtiva" (inc. I), que "contribuam para o incremento do volume de produção industrial, agroindustrial e florestal do Estado" (inc. II), que "concorram para a utilização racional e sustentável de matéria prima florestal e de princípios ativos da biodiversidade amazônica, bem como dos respectivos insumos resultantes de sua exploração" (inc. VII), e que "contribuam para o aumento das produções agropecuária e afins, pesqueira e florestal do Estado" (inc. VIII).[13]

No mesmo sentido e para prevenir o abuso econômico, o §3º do art. 4º somente autoriza a concessão de diferimento e de crédito presumido, nas operações entre "empresas que mantenham relação de controlada, controladora e coligada, bem como matriz e filial", quando forem atendidos, cumulativamente, diversos requisitos, tais como: a geração de novos empregos; acesso a novas tecnologias; o bem intermediário a ser industrializado não se constitua em desmembramento do processo produtivo de bem final; o preço praticado pelo fabricante de bem intermediário nas vendas para empresa controlada, controladora e coligada seja, no máximo, similar ao preço médio do mercado; e que nas transferências entre estabelecimentos da mesma empresa ou entre matriz e filial seja utilizado o valor do custo industrial dos produtos intermediários.

Ocorre que algumas das empresas líderes do mercado de refrigerantes possuem relações com indústrias do PIM e, por isso, devem atender aos comandos legais sob pena de perder o direito aos incentivos fiscais de que usufruem. No entanto, para que se possa aferir se o preço máximo é similar ao preço médio do mercado, bem como, se na transferência entre estabelecimentos matriz e filial, são utilizados os valores do custo industrial dos produtos intermediários.

Por outro lado, as indústrias que gozam desse benefício — crédito fiscal presumido — têm direito ao equivalente à alíquota interestadual do ICMS vigente nas vendas das regiões Sul e Sudeste, conforme define o art. 15 da Lei Estadual nº 2.826/03. Esse dispositivo veda

---

[13] Ao menos 3 (três) das 10 (dez) condições fixadas no §1º do art. 4º deverão ser satisfeitas pelas empresas, sendo obrigatória a que exige a geração de empregos diretos ou indiretos no Estado (inc. IX).

expressamente a apropriação do crédito quando a empresa produtora do bem intermediário mantiver relação de controlada, controladora, coligada, matriz ou filial com a produtora do bem final incentivado, exceto se comprovadas aquelas condições tratadas no art. 4º acima citado.

Assim, é preciso aferir o cumprimento, pelas empresas que atuam na ZFM, dos requisitos da lei para que venham a ter direito ao crédito fiscal presumido do ICMS para as regiões Sul e Sudeste, maiores consumidoras de refrigerante do País. Afinal, sem a desmistificação do processo produtivo dos concentrados e sem o esclarecimento quanto às relações de controle e coligação entre os grandes jogadores e as indústrias de concentrados localizadas no PIM, não é possível aferir a correção dos incentivos fiscais do ICMS concedidos nessa região, o que, inegavelmente, propicia um aumento do desequilíbrio concorrencial.

4.6.2 As contribuições do PIS/Cofins e sua influência sobre a concorrência

O PIS (Programa de Integração Social) e a Cofins (Contribuição para o Financiamento da Seguridade Social) já afetam a concorrência no setor de refrigerantes em todo o território brasileiro em razão de suas alíquotas fixas. No entanto, essa distorção acaba aumentando em razão dos benefícios relativos aos insumos originários da ZFM.

Com efeito, em relação ao regime de tributação do setor de bebidas, a Lei nº 10.833/2003, com as alterações das Leis Federais nºs 11.727/2008 e 11.827/2008, sujeita as embalagens destinadas ao envasamento de água, refrigerante e cerveja à incidência de PIS e Cofins fixadas por unidade de produto, mediante cálculo elaborado a partir de coeficientes de redução. Isto é, a incidência das contribuições nas embalagens se dá de maneira diferenciada, considerando a quantidade dos produtos e não a receita bruta decorrente das suas vendas ou o seu valor de importação.

Ao promover a retenção dos tributos nas embalagens, o fato gerador é modificado, pois a incidência das contribuições ocorre no momento da aquisição das embalagens, e não mais na venda, conforme determina a regra geral do art. 1º da Lei Federal nº 10.833/03. Nota-se que o legislador não considerou a diferença de poder econômico existente entre as grandes corporações e os fabricantes regionais de bebidas, pois sujeitou todos os produtores ao pagamento de uma mesma alíquota especificada por tipo e volume de embalagem adquirida.

Ocorre que os preços dos produtos finais comercializados são, em sua maioria, bem diferentes e a alteração do fato gerador acaba prejudicando pequenas empresas e, por conseguinte, a própria concorrência. Afinal, ao se tentar alcançar a igualdade tributária por meio da fixação de alíquota por produto, sem considerar preço, faturamento ou qualquer dado concreto acerca da capacidade contributiva da empresa, gera-se evidente desigualdade, pois imputa aos concorrentes do mesmo segmento condições diferentes de tributação. Além disso, como as contribuições devem ser antecipadas no momento de aquisição das embalagens, elas ficam "retidas" nesse insumo, o que promove a redução substancial do capital de giro das empresas regionais.

Por outro lado, a Lei nº 10.833/03 também dispôs sobre a compensação dos créditos fiscais, estabelecendo que o fabricante que adquirir para revenda as embalagens poderá se creditar dos valores sobre essas aquisições, no período de apuração em que registrar o respectivo documento fiscal de aquisição. O valor do crédito corresponderá ao que foi pago na operação anterior, ou seja, também será calculado com base em unidade de produtos, conforme define o art. 51, §3º.

Tais medidas supostamente anulariam o efeito da tributação anterior por via da sistemática de "não cumulatividade", pois já preveem que o fabricante terá que tributar essas embalagens novamente por ocasião de sua venda. E na hipótese de não conseguir utilizar tal crédito até o final de cada trimestre do ano civil, a legislação autoriza compensá-lo com débitos próprios, vencidos ou que estão próximos ao seus vencimentos, relativos a tributos e contribuições administrados pela Secretaria da Receita Federal (SRF), observada a legislação específica aplicável à matéria.

No entanto, ao regulamentar a matéria, a Instrução Normativa Receita Federal do Brasil (RFB) nº 900/2008 autorizou a compensação apenas de créditos decorrentes de custos, despesas e encargos vinculados às receitas resultantes das operações de exportação e às vendas efetuadas com suspensão, isenção, alíquota zero ou não incidência, o que reduz sensivelmente a amplitude de compensação dos créditos para os pequenos fabricantes. Afinal, eles não se enquadram em nenhuma dessas hipóteses de compensação, o que acarreta o acúmulo infindável de créditos que não podem ser compensados com outros tributos e que, ao final, são contabilizados como prejuízo para essas empresas.

Não bastasse isso, a ZFM ainda aumenta a distorção acima, na medida em que a legislação especial prevê para os fabricantes de concentrados um crédito presumido de PIS/Cofins mesmo nos casos de alíquota zero e suspensão das contribuições. Como explica Janini (2005, p. 87): "No caso de uma cadeia composta por empresa situada na Zona Franca de Manaus, as regras referentes ao crédito para produtos sem tributação do PIS/Cofins não cumulativo são mantidas". Alerta, ainda "sobre a existência de uma legislação específica, que determina casos de alíquota zero e suspensão das contribuições. *Porém, uma vez identificadas as situações, os casos de possibilidades para a tomada de crédito não podem sofrer restrições".*

Ocorre que esse crédito, aliado aos demais benefícios da aquisição de insumos na Zona Franca, gera um ganho de competitividade artificial capaz de distorcer a concorrência.

Afinal, no caso das grandes empresas, o impacto da retenção na fonte é anulado pelo sistema de créditos presumidos provenientes da ZFM, o que não ocorre com os pequenos fabricantes que, devido ao baixo poder de mercado, não têm condições de instalar subsidiárias na região abrangida pela ZFM. Ademais, em razão da escala de produção, as grandes empresas geram débitos correspondentes, o que permite que, mesmo quando apurado saldo de retenção, consigam pagar as contribuições sem desestabilizar seu fluxo de caixa.

Por outro lado, se considerado que do total de PIS/Cofins a recolher pelas grandes empresas ainda serão deduzidos créditos oriundos da compra das demais matérias-primas por meio de coligadas instaladas na ZFM, fica evidente a desigualdade no tratamento tributário e a consequente distorção da concorrência. Vale ressaltar que o ganho operacional é duplo porque os créditos são oriundos das empresas de concentrado para refrigerantes, as quais são vinculadas às grandes corporações, de modo que o crédito transferido surge independentemente do recolhimento do tributo, uma vez que a operação inicial é isenta.

Assim, nota-se que o acúmulo de incentivos a partir do diferimento de tributos, isenção de impostos e compensação de créditos permite aos grandes jogadores do mercado alçar uma situação de não precisarem pagar PIS/Cofins, ao passo que as empresas regionais, sem poder de mercado, são obrigadas a arcar com os custos decorrentes da impossibilidade de compensação dos créditos retidos nas embalagens. Em razão disso, a livre iniciativa é frontalmente violada, pois os tributos e contribuições representam parcela significativa na composição dos custos dos produtos e, sem esses custos, as grandes empresas poderão suprimir integralmente a concorrência dos fabricantes regionais, visto que estas não tem outra alternativa senão manter esses custos em seus produtos finais.

Da exposição acima é possível concluir que existe um sistema imperfeito de tributação a partir da concessão de incentivos fiscais, com profundos reflexos sobre a concorrência no setor de refrigerantes.

Referências

ABIR. <http://abir.org.br/wp-content/uploads/downloads/2010/12/doc-325.pdf>. Acesso em: 09 abr. 2011.

AFREBRAS1. <http://www.afrebras.org.br/refrigerante.php>. Acesso em: 15 abr. 2011.

ATALIBA, Geraldo; GIARDINO, Cléber. Isenção para vendas para a ZFM – Finsocial e imposto sobre transportes. *Revista de Direito Tributário*, São Paulo, v. 11, n. 41, p. 206-220, 1999.

ÁVILA, H. ICMS. Tratamento diferenciado para produtos oriundos da Zona Franca de Manaus: restrições ao crédito por ausência de convênio interestadual: alíquotas e créditos diferenciados para mercadorias produzidas no Estado de São Paulo: exame da constitucionalidade das restrições. *Revista Dialética de Direito Tributário*, n. 144, p. 65-81, 2007.

BASTOS, C. R. O princípio da livre concorrência na Constituição Federal. *Cadernos de Direito Tributário e Finanças Públicas – Direito Econômico e Administrativo*, n. 10, 1995.

BLUMBERG, L.; GOTTLIEB, R. *War on Waste*: Can America Win its Battle with Garbage?. Washington, DC: Island Press, 1989. Disponível em: <http://www.lacieg2s.ca/public/law/bluebox.htm>. Acesso em: 09 abr. 2011.

BRAGANÇA, M. Efeitos da tributação sobre o direito concorrencial: uma visão harmônica do ordenamento. *Revista de Direito Mercantil*, n. 121, p. 121-148, 2001.

CAMPOS, H. M.; OLIVEIRA, L. H. Estratégias da indústria de refrigerantes: um estudo sobre as "tubaínas". *In*: ENCONTRO DO CNEC, 2., 2004, Varginha/MG. *Anais*... Varginha: CNEC/FACECA, 2004.

CINI. <http://www.cini.com.br/novo/site/index.php?pagina=historico.php>. Acesso em: 09 abr. 2011.

COCA-COLA. <www.cocacolabrasil.com.br>. Acesso em: 09 abr. 2011.

DEVITO. <http://www.devito.com.br/site/empresa.html>. Acesso em: 09 abr. 2011.

FERRASPARI. <http://www.ferraspari.com.br/quem_somos.htm>. Acesso em: 09 abr. 2011.

FERREIRA FILHO, Manoel Gonçalves *Apud* MARTINS, Ives Gandra da Silva. O princípio da legalidade em atos administrativos: invalidade da portaria 63/95 do Ministério das Minas e Energia, que elimina o princípio da livre concorrência. Parecer. *Cadernos de Direito Tributário e Finanças Públicas – Direito Econômico e Administrativo*, n. 16.

FERREIRA FILHO, Manoel Gonçalves. *Curso de direito constitucional*. São Paulo: Saraiva, 2006.

FRUKI. <http://www.fruki.com.br/>. Acesso em: 09 abr. 2011.

GRECO, M. A. *Planejamento tributário*. São Paulo: Dialética, 2004.

INSTITUTO BRASILEIRO DE GEOGRAFIA E ESTATÍSTICA – IBGE(1). <http://www.ibge. gov.br/home/presidencia/noticias/noticia_visualiza.php?id_noticia=321&id_pagina=1>. Acesso em: 07 abr. 2011.

INSTITUTO BRASILEIRO DE GEOGRAFIA E ESTATÍSTICA – IBGE(2). <http://www. ibge.gov.br/home/estatistica/indicadores/pib/pib-vol-val_201004comentarios.pdf>. Acesso em: 07 abr. 2011.

JANINI, Tiago Cappi. PIS/Cofins: análise acerca da possibilidade de crédito nas operações com entrada ou saída sem tributação: aplicação à Zona Franca de Manaus. *Revista Dialética de Direito Tributário*, n. 123, 2005.

MARTINS, I. G. da S. Desequilíbrio concorrencial e o artigo 146-A da CF. *Revista Magister de Direito Empresarial*, n. 5, out./nov. 2005.

MAXWILHELM. <http://www.maxwilhelm.com.br/pt_br/empresa.php>. Acesso em: 09 abr. 2011.

PAULSEN, L. *Direito tributário*: Constituição e Código Tributário à luz da doutrina e da jurisprudência. 9. ed. Porto Alegre: Livraria do Advogado: ESMAFE, 2007.

RAMOS FILHO, Carlos Alberto de Moraes. O ICMS e as operações com a Zona Franca de Manaus. *Revista de Direito Tributário*, n. 72, p. 133-141.

REFRIGERANTE PUREZA. Disponível em: <http://www.refrigerantespureza.com/historia/historia.htm>. Acesso em: 09 abr. 2011.

ROCHA, S. A.; FARO, M. P. Livre concorrência e neutralidade tributária. *Revista Brasileira de Direito Tributário*, n. 21, jul./ago. 2010.

SANTOS, S. R. S.; AZEVEDO, P. F. *Concorrência no mercado de refrigerantes*: impactos das novas embalagens. Disponível em: <http://www.ufrgs.br/decon/virtuais/eco02003a/ok_03. pdf>. Acesso em: 09 abr. 2011.

SCAFF, F. F. Pareceres: ICMS, guerra fiscal e concorrência na venda de serviços telefônicos pré-pagos. *Revista Dialética de Direito Tributário*, n. 126, 2006.

SILVA, José Afonso da. *Curso de direito constitucional positivo*. São Paulo: Malheiros, 2004.

SOUSA, Rubens Gomes de. As isenções condicionadas e a Zona Franca de Manaus. *Revista de Direito Público*, n. 13, p. 119-132, 2006.

SOUZA, H. Dias de. Livre concorrência: desvios concorrenciais tributários e a função da Constituição. *Consultor Jurídico*, 21 set. 2006.

SUFRAMA1. <http://www.suframa.gov.br/opinveste/zfm.htm>. Acesso em: 10 set. 2007.

SUFRAMA2. <http://www.suframa.gov.br/investimentos/zfm_if.cfm>. Acesso em: 07 abr. 2011.

SUFRAMA3. <http://www.suframa.gov.br/suframa_relatorio_de_gestao.cfm>. Acesso em: 07 abr. 2011.

Informação bibliográfica deste texto, conforme a NBR 6023:2002 da Associação Brasileira de Normas Técnicas (ABNT):

GONÇALVES, Oksandro Osdival. Zona Franca de Manaus: desequilíbrio concorrencial no setor de bebidas. *In*: RIBEIRO, Marcia Carla Pereira; ROCHA JR., Weimar Freire da (Coord.). *Concorrência e tributação no setor de bebidas frias*. Belo Horizonte: Fórum, 2011. p. 101-132. ISBN 978-85-7700-513-0.

CAPÍTULO 5

A CONCORRÊNCIA NO SETOR DE BEBIDAS FRIAS

MARCIA CARLA PEREIRA RIBEIRO

RENATA CARVALHO KOBUS

OKSANDRO OSDIVAL GONÇALVES

JOÃO LEONARDO VIEIRA

5.1 Introdução

Existe na Constituição da República um conjunto de princípios que devem nortear a condução da vida na sociedade brasileira. São princípios que encantam pelo nobre propósito e que devem servir de base para a produção normativa voltada à concretização dos propósitos constitucionais que dependam de regulamentação.

Dentre tais princípios, o tema desenvolvido neste capítulo relaciona-se especialmente com dois deles: o princípio da liberdade de concorrência (art. 170, IV da CF) e o princípio da diminuição das desigualdades regionais, ou, em outras palavras, quanto ao segundo, a busca pelo desenvolvimento regional (art. 170, VII da CF).

Por outro lado, a disciplina constitucional está inserida numa sociedade complexa que apresenta valores as vezes contraditórios, as vezes surpreendentes. Ao mesmo tempo em que se valoriza a dignidade da pessoa humana como princípio fundamental, a proteção do consumidor (art. 170, V, da CF) assumiu uma potencialidade teórica bem superior à proteção do cidadão não consumidor, qual seja, àquele que se vale dos serviços ofertados pelo Estado.

Estamos inseridos num planeta que está ameaçado pelos efeitos nefastos da condução que os próprios habitantes da Terra têm impingido em termos de desgaste das fontes da natureza, mas que também se vê abalado por catástrofes climáticas e geológicas que existem desde — e provavelmente são a própria causa — a criação das condições de habitação no planeta.

Some-se a esta complexidade a percepção que se firma apenas com o transcorrer do tempo individual de cada cidadão: os efeitos produzidos por qualquer que seja a opção por nós tomada não serão exclusivamente positivos ou negativos, mas sim o somatório de ambos que, ao resultar numa expectativa afirmativa, nos conduzirá à opção prevalente. Isto se partirmos da premissa de que o homem tem um comportamento racional,[1] e que estará em condições de agir em conformidade com esta racionalidade, desconsiderando as decisões que são tomadas por puro prazer ou impulsividade (WILLIAMSON, 1986).

Este livro e seus capítulos se voltam sobre um setor do ambiente produtivo nacional e internacional que pode ser considerado polêmico: o setor de bebidas, de forma especial, o setor das chamadas bebidas frias — que, como visto nas etapas anteriores da obra, comporta essencialmente refrigerantes, água e cerveja.

É notório que o uso intensivo de bebidas industrializadas pode ser prejudicial à saúde, assim como o consumo de vários dos produtos alimentícios que estão disponíveis nas prateleiras das grandes redes de supermercado. Até mesmo produtos notoriamente benéficos para a saúde, como legumes, verduras e frutas, são às vezes criticados em razão do uso de técnicas de produção — como aqueles considerados transgênicos — ou de cultivo — mediante utilização de agrotóxicos.

O que talvez deva ser colocado também no fiel da balança é o impacto que o setor de produção, distribuição e comercialização de bebidas frias produz para o ambiente econômico e social nacional.

---

[1] Neste mesmo sentido é o entendimento de Joseph E. Stiglitz e Carl E. Walsh: "Por trás de boa parte da análise econômica está a hipótese básica de *escolha racional*, significando que as pessoas ponderam os custos e benefícios de cada possibilidade sempre que se deparam com uma escolha. Essa hipótese está baseada na expectativa de que pessoas e empresas agem de forma coerente, com uma noção razoavelmente bem definida do que gostam e dos objetivos que pretendem alcançar, e com muita ideia de como é possível chegar a eles" (2003, p. 22).

Os capítulos anteriores bem demonstram esta faceta do setor, e é a partir da não negligenciabilidade de seus resultados que a presente contribuição se propõe a analisar juridicamente e faticamente as características do mercado de bebidas frias e como o princípio da liberdade de concorrência e de desenvolvimento regional se confrontam com a realidade nacional.

Busca-se, ainda, uma contribuição pela análise de alguns sistemas jurídicos comparados (optou-se pela inclusão de algumas notas sobre os sistemas norte-americano, europeu e de alguns países da América Latina).

O capítulo se inicia por uma abordagem dos preceitos constitucionais que regulam a ordem econômica e garantem proteção à livre concorrência. Em seguida, é feita uma análise sobre a importância das empresas para o desenvolvimento regional e a questão do poder de mercado. Traz informações sobre aspectos relevantes do setor de bebidas, com enfoque no primado da liberdade de concorrência no mercado nacional, a possibilidade de enfrentamento de barreiras de entrada, a tendência concentracionista e as inovações que valorizam a preservação das pequenas empresas do setor. Depois, em razão de suas peculiaridades, o setor de bebidas frias é analisado a partir do mercado de água envasada, mercado de cervejas e mercado de refrigerantes. Para que a condição nacional possa ser aquilatada a partir da experiência estrangeira, a última parte do trabalho se volta ao do Direito Comparado.

5.2 Importância das empresas para o desenvolvimento regional e a questão do poder de mercado

Infelizmente as palavras expressas pelo legislador nem sempre encontram seu espelho na realidade. Soam como convincentes e estimulam a prática de ações que podem ser consideradas socialmente importantes, dotam o interlocutor de um poder mágico que aparece como atraente e politicamente adequado, mas que se vistas de forma mais próxima e técnica, muitas vezes despontam em seu caráter puramente demagógico.

Tome-se o ideário de dignificação da pessoa, respaldado pelos comandos legislativos dirigidos à prestação de serviços de caráter social e assistencial, tome-se a forma como os recursos tributários são arrecadados e direcionados, tome-se ainda a possibilidade do Estado regulamentar a "liberdade de concorrência". Regulamentar o que era para ser livre, e, quem sabe, disciplinar para que esta liberdade possa prevalecer sobre o poder econômico que tende, pela própria natureza, a buscar uma concentração de mercado cada vez maior.

A tendência à concentração é absolutamente normal, tanto que a própria Lei Antitruste (Lei nº 8.884/94) excetua da ilicitude a posição dominante que decorra de fatores naturais ou da habilidade do agente (art. 20, §1º, da Lei Antitruste).

Ademais, o Conselho Administrativo de Defesa Econômica (CADE) pode autorizar os atos que limitem, prejudiquem a livre concorrência, ou os que resultem no domínio do poder de mercado, desde que estes atendam as condições estabelecidas no art. 54, §1º, da Lei Antitruste.

O problema não está na prevalência de alguns agentes sobre outros, em razão de sua posição privilegiada no mercado, mas no que está acobertado pelas instituições em termos de poder econômico e influência perante as próprias instituições. Ou na distinção entre interesse social e interesse de grupos que assumem a roupagem de interesse coletivo.

Vale dizer, o poder econômico e de influência podem comprometer a isenção de algumas instituições. Por exemplo, a isenção na definição de objetivos que supostamente devem privilegiar o interesse social. Neste panorama, o ambiente regulatório é colocado sob suspeita, e as teorias que pregam o distanciamento entre o Estado e o Mercado florescem.[2]

A ideia de afastamento do Estado em relação aos mercados aparece consagrada no pensamento de Adam Smith, quando optimistamente afirma que, sem qualquer intervenção da Lei e a partir dos próprios interesses privados, os homens serão levados a agir de forma a buscar não apenas a proporção mais vantajosa para si, como também para a sociedade (1976, p. 199).

Não por caso os primórdios da Economia Política coincidem com o aparecimento do Estado Liberal cuja função se restringe a assegurar as condições de existência do equilíbrio natural da produção e da circulação de riquezas. Ou seja, o Estado visto como um redutor de crises, com uma atuação econômica totalmente restrita.

Para os liberalistas, a intervenção do Estado no domínio econômico viola a concorrência perfeita existente no mercado, fruto de uma ligação unitária e de adequação perfeita.

Foi somente após a primeira revolução industrial, a crise de 1929 e, principalmente, em decorrência do surgimento dos grandes

---

[2] Neste sentido, é a afirmação de Harold Demsetz: "Although public utility regulation recently has been criticized because of its ineffectiveness or because of the undesirable indirect effects it produces, the basic intellectual arguments for believing that truly effective regulation is desirable have not been challenged" (1968, p. 55-65).

conglomerados econômicos que tomam espaço as teorias que admitem e convocam a intervenção estatal no mercado.

Nesta linha de pensamento, a posição de simples árbitro que o Estado detinha em relação ao mercado é questionada. Assim, com a finalidade de melhorar as relações econômicas existentes à época, "incumbia a alguém reimpulsionar a máquina econômica paralisada, e este alguém só poderia ser o Estado" (COMPARATO, 1978, p. 464).

Certamente que a aceitação das formas de intervenção do Estado na economia encontra justificativa nas falhas que se instalam no mercado, com a formação de monopólios, com as injustiças que decorrem de informações assimétricas, com os comportamentos que conduzem a um ambiente de concorrência destrutiva. Desta forma, os mercados são, em regra, imperfeitos. Assim, a "mão invisível" de Adam Smith (1976) não funciona perfeitamente, tendo em vista a inexistência de um mercado ideal no qual o comportamento dos agentes se produza sempre da forma mais eficiente para a sociedade. A intervenção estatal pode atuar de forma a minimizar as falhas que naturalmente se instalam nos setores econômicos.

Volte-se à percepção aqui já mencionada de que a tendência dos agentes é sempre no sentido de conduzir o mercado em que atuam a uma situação de monopólio ou de quase monopólio, já que o principal objetivo perseguido será o incremento do lucro e não a construção de um mercado perfeito. Agem, os empresários, em prol de interesses egoísticos no sentido da redução dos custos e de fortalecimento de seu domínio de mercado, sob a premissa de quanto menor o número de concorrentes que ofertem o mesmo produto ou serviço, mais fácil será o exercício do poder econômico no mercado visado (MOREIRA, 2004).

Este afastamento do ambiente idealizado de liberdade de concorrência e iniciativa faz com que a Constituição Federal estabeleça a atividade regulatória estatal no domínio econômico no art. 174, dispondo: "Como agente normativo e regulador da atividade econômica, o Estado exercerá, na forma da lei, as funções de fiscalização, incentivo e planejamento, sendo este determinante para o setor público e indicativo para o setor privado".

Se de um lado é inquestionável a necessidade de participação ativa do Estado para evitar ou corrigir as falhas de mercado, por outro lado é inquestionável que o agente privado tem papel fundamental para a promoção do desenvolvimento nacional e regional. São as empresas e os empresários que encabeçam o processo de produção e comercialização de bens e serviços, são eles igualmente que ofertam a maior parte dos postos de trabalho e que respondem por importante parcela da arrecadação tributária promovida pelo Estado.

Ao mesmo tempo em que as empresas competem entre si, buscam a redução de seus custos e ampliação de seus mercados específicos, encontram-se inseridas num mercado que, como visto, é repleto de imperfeições. A ampliação dos mercados, ao mesmo tempo em que premia formas de gestão também pode resultar no fechamento de outros competidores.

Logicamente devem ser levados em conta que no âmbito empresarial que o risco e a habilidade empresarial são elementos sempre não negligenciáveis. Porém, não se pode desconhecer a disparidade entre os agentes econômicos em termos de poder, de barganha e de influência nas instituições.

Para se chegar à compreensão dos grupos que mais atentamente agem sobre os legisladores, por exemplo, observe-se a elevada participação das grandes empresas nas eleições políticas, principalmente no que se refere às doações a candidatos a cargos políticos. No ano de 2006, a Coca-Cola doou para esta finalidade um montante de R$11.054.268,45, enquanto a AMBEV doou R$9.960.000,00 e a Schincariol um total de R$7.130.428,74 (AFREBRAS).

Certamente empresas de menor porte não se destacam numa relação de doadores de campanha. Nesta queda de força desigual em termos de poder e influência, será a ação livre e preocupada de autoridades legislativas, do executivo e do judiciário que poderá sopesar a importância da atuação das empresas de pequeno e médio porte na economia nacional (como visto nas outras contribuições deste livro) e, cientes das imperfeições do sistema, cabe-lhes o papel de assegurar o equilíbrio das instituições para que os ideais de desenvolvimento local e regional não sejam esquecidos sob o poder dos agentes dominantes do mercado.

5.3 A Ordem Econômica e a proteção da concorrência

A Constituição Federal desenha a Ordem Econômica como instrumento garantidor da existência digna, fundamentando-a no princípio da livre iniciativa e definindo sua orientação a partir do princípio da livre concorrência (art. 170), conforme já afirmado. A livre iniciativa também é protegida como fundamento do Estado Democrático de Direito, figurando ao lado da dignidade da pessoa humana e do valor social do trabalho (art. 1º), ao passo que a livre concorrência é promovida a partir da repressão do abuso do poder econômico (art. 173, §4º). Forgioni (1998) destaca a natureza instrumental desses princípios como ferramentas para a obtenção dos fins sociais que acompanham sua proteção.

No entanto, em que pese os princípios econômicos estarem acompanhados de valores como a dignidade humana e a justiça social, tais valores são os fundamentos para as condicionantes que serão impostas pelo Poder Público, em face do monopólio legislativo que lhe é garantido. Ainda assim, a natureza neoliberal da ordem econômica brasileira aponta como legítima a satisfação pessoal decorrente da exploração de atividade econômica. De fato, Coelho (2007, p. 188) aponta para a necessidade de edição de normas disciplinadoras da atividade econômica que se mantenham atentas aos valores sociais, nem sempre associados de forma espontânea à conduta de índole empresarial.

Outro tema de interesse está relacionado à identificação de um mesmo significado ou não entre os princípios da livre concorrência e da livre iniciativa que, do ponto de vista legislativo, são expressões unívocas. Coelho (2007, p. 213) e Forgioni (1998, p. 227-228) não consideram relevante o estabelecimento de uma diversidade de conteúdo entre as expressões. Já para Abreu (2008, p. 80) a concorrência pressupõe a coexistência de diversos agentes econômicos num dado mercado e a livre iniciativa responde pela viabilização do surgimento dos agentes econômicos, concluindo que a concorrência é decorrência da livre iniciativa.

A opção constitucional pátria foi de elevar a livre iniciativa e/ou livre concorrência ao patamar de princípios orientadores do controle constitucional legislativo ao mesmo tempo em que confere a todos o direito geral e subjetivo à exploração de atividades econômicas. Dessa constatação decorre a previsão constitucional de defesa contra a intervenção estatal — assegurada, justamente, por meio da igualdade valorativa entre fundamentos aparentemente antagônicos como livre iniciativa e dignidade humana — e contra quaisquer impedimentos ao seu livre exercício — mediante a repressão da chamada concorrência ilícita, da qual o abuso do poder econômico é uma das principais facetas.

5.3.1 A repressão ao abuso do poder econômico

Um dos espectros mais difíceis de analisar em direito da concorrência refere-se ao abuso do poder econômico. O simples fato de um concorrente possuir grande poder econômico não induz necessariamente a uma conduta propriamente anticompetitiva, ao contrário, faz parte do desenvolvimento empresarial e a posição dominante pode ter sido alcançada em um regime de concorrência sadia e leal, como dito acima. Justamente por isso certas condutas são tomadas como normais nos embates entre *players* de tamanhos diferentes, fato este que também contribui para dificultar a caracterização do ato como decorrente do abuso do poder econômico. Todavia, é preciso ter a percepção de que certos movimentos concorrenciais, se adotados por empresas com grande poder econômico, podem gerar efeitos danosos à concorrência que, se praticados por empresas sem o mesmo poder talvez passassem despercebidos. De fato, é da essência da conduta abusiva não ser necessariamente ilícita.

Por sua delicadeza e importância, tem tratamento constitucional no art. 173, §4, da Constituição Federal, o qual determina que a lei reprimirá o abuso do poder econômico voltado ao domínio de mercados, ao aumento arbitrário dos lucros e à eliminação da concorrência. Assim, atribuiu à legislação federal a competência — e o dever, diga-se — para legislar sobre a repressão à concorrência ilícita cometida por meio do abuso do poder econômico.

Seguindo o preceito constitucional, a Lei nº 8.884/1994 estampou em seu art. 20 a repressão à concorrência ilícita, caracterizando como infração à ordem econômica qualquer prática que limite ou falseie a livre iniciativa e a livre concorrência.[3] No âmbito da ordem econômica e de acordo com o objeto deste estudo, procura-se reprimir o abuso do poder econômico para evitar o dano, focando-se no setor analisado, ao mercado de bebidas frias, sem olvidar o dano que a mesma conduta gera aos consumidores e demais participantes do mercado. Reale Júnior (1985, p. 117) destaca que o reconhecimento do interesse geral em matéria de concorrência decorre da desigualdade instalada entre grandes e pequenas empresas, especialmente quando a concentração e o oligopólio predominam. Nestas situações não é apenas o empresário quem sofre os efeitos do ambiente não competitivo, mas igualmente e principalmente os consumidores.

Sob esta ótica, a proteção do consumidor pode ser interpretada como um princípio básico à livre concorrência, já que a preservação dos níveis de competição traz, como regra, benefícios para a economia de mercado e para o consumidor, diminuindo o risco da formação de cartéis, abuso de posição dominante e até mesmo a formação de mono-pólio (ALMEIDA, 2003, p. 93, 94).

A Lei Antitruste, ao estabelecer um conjunto de condutas em seu art. 21, expressamente ressalvou sua natureza não exaustiva

---

[3] Constituem infração da ordem econômica, independentemente de culpa, os atos sob qualquer forma manifestados, que tenham por objeto ou possam produzir os seguintes efeitos, ainda que não sejam alcançados:
I – limitar, falsear ou *de qualquer forma prejudicar a livre concorrência ou a livre iniciativa;*

e sua finalidade de proteção do ambiente de livre concorrência, independentemente de uma tipificação estanque acerca dos ardis utilizados pelos agentes econômicos. O conjunto de condutas pode ser alterado por diversos fatores, assim como novas formas de concorrência ilícita podem surgir, razão pela qual a repressão recai sobre toda e qualquer prática que possa, sob qualquer forma, embaraçar ou impedir o exercício da concorrência, o que caracteriza afronta à Constituição Federal e à lei mencionada, ainda que decorra da ação de um agente econômico que não ostente posição dominante (FORGONI, 1998, p. 233, 234).

As limitações da lei aplicam-se também no campo das restrições verticais que podem surgir na forma de abuso de dependência econômica que gere prejuízo concorrencial ou lucro abusivo (FORGIONI, 2007, p. 63).

Para permitir uma perfeita ilustração deste trabalho, adota-se como exemplo o caso da fidelização do ponto de venda (PDV). Nesse sentido, percebe-se que os sistemas de fidelização dos PDVs limitam o exercício da concorrência mediante o abuso do poder econômico, pois boa parte da prática decorre da discriminação de produtos regionais por meio da promessa de prêmios e bonificações por parte dos grandes fabricantes de bebidas. Com isso, impede-se o acesso de fabricantes regionais aos canais de distribuição, a distribuição de produtos concorrentes e a entrada de novas empresas no setor de bebidas. Além de impedir o acesso, os fabricantes regionais que se encontram posicionados num determinado PDV são dispensados como consequência da estratégia de fidelização.

A fidelização é incentivada mediante o fornecimento de subsídios condicionados à participação contínua dos PDVs nos mencionados programas de bonificação. A conduta das grandes empresas caracteriza clara situação de abuso do poder econômico, pois as vantagens econômicas são fornecidas a fim de atrair a participação dos pontos de revenda, uma forma de isca para que todos os PDVs participem do sistema que é bancado pelas grandes empresas e cujo objetivo é limitar a concorrência existente ou impedir que outra se instale.

Tais condutas violam a concorrência e decorrem do abuso do poder econômico que tem por objetivo precípuo especialmente dominar o mercado de refrigerantes de forma artificial, pela eliminação da concorrência, conduzindo a um ambiente propício ao aumento arbitrário dos lucros justamente pela ausência de concorrentes no mercado (ABREU, 2008, p. 81).

De fato, o poder econômico decorre do acúmulo dos meios de produção nas mãos dos agentes econômicos e sua finalidade está voltada à promoção dos objetivos sob os quais se fundamenta a sociedade capitalista, a ampliação do lucro. Essa apropriação dos bens de produção é inerente à forma moderna de sociedade e é garantida pelas normas econômicas contidas na Constituição Federal, servindo como instrumento de desenvolvimento social a partir do desenvolvimento do mercado, ressalvadas as situações de distorções que ocorrem no próprio sistema.

Nesse sentido, não se torna compatível a utilização de uma posição de domínio econômico para influenciar e distorcer a concorrência de forma a provocar uma ampliação de poder de forma artificial. A estratégia de fidelização dos PDVs caracteriza abuso de poder econômico na medida em que, por meio da supressão da livre concorrência, contribui para a desconstrução do modelo de sociedade preconizado pela Constituição Federal.

Assim, o mercado de bebidas frias se serve de um sistema oligopolista,[4] no qual poucas empresas dominam parcela substancial do mercado — cervejas e refrigerantes, principalmente. Os prêmios e incentivos fornecidos aos PDVs caracterizam um exemplo de desvirtuamento do poder econômico e caracteriza o abuso do poder econômico pelos agentes de mercado e propicia a criação de um monopólio[5] no setor de bebidas para, de um lado, ter-se apenas um fabricante de refrigerantes e de outro um único fabricante de cerveja.

Visando tornar mais claro para o leitor o exemplo do abuso do poder econômico através da fidelização dos pontos de venda (PDV), passa-se a analisar a importância destes e como se dá o processo de fidelização.

5.3.2 A importância dos pontos de venda para o mercado de bebidas frias

Para se analisar o fenômeno da fidelização dos PDVs é imprescindível entender como funciona o sistema de distribuição existente no mercado de bebidas e a sua importância na relação entre os fabricantes de bebidas e os consumidores finais.

---

[4] "O oligopólio caracteriza-se pela existência de um número reduzido de produtores num determinado mercado relevante ou, ainda, pela atuação de um número reduzido de produtores de grande porte, coexistindo com concorrentes bem menores, sem condições de alterar as condições do mercado" (NUSDEO, 2002, p. 35).

[5] "O monopólio caracteriza-se pela existência de uma única empresa apta a satisfazer a demanda do mercado por determinado produto, sem a ameaça de entrada no mercado de qualquer outro agente para concorrer com o monopolista" (NUSDEO, 2002, p. 38).

Inicialmente, é preciso estabelecer a distinção entre a indústria de bebidas, responsável pelo processo industrial de fabricação dos produtos[6] e que constitui o elo inicial da cadeia produtiva, e a rede responsável pela distribuição, ou seja, aquela habilitada a levar e distribuir os produtos finais aos revendedores. A atuação conjunta dessas duas estruturas permite a disponibilização dos produtos finais aos PDVs e revela o potencial expansivo das empresas fabricantes de bebidas, visto que essa rede de distribuição acompanha a capacidade produtiva da indústria.

Além disso, sob o ângulo do consumidor, é necessário estabelecer a distinção entre consumidor-distribuidor, ou seja, o PDV que adquire os refrigerantes para revenda, e o consumidor final, que compra o produto para seu próprio consumo e representa o último passo da cadeia produtiva. Essa distinção se faz necessária porque o fabricante de bebidas não comercializa os seus produtos diretamente ao consumidor final, mas sim por meio de diversos revendedores independentes que formam uma grande rede de revenda responsável por atingir o maior número de consumidores finais.

À primeira vista nota-se que a distribuição de bebidas depende do entrosamento entre a rede de distribuição inicial e o PDV, pois essa relação constitui o elo entre os fabricantes e os consumidores finais, conforme FIG. 1.

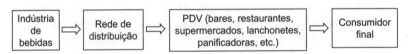

FIGURA 1 – Canal de distribuição de bebidas frias

Ocorre que, ao se analisar a efetiva participação dessas estruturas intermediárias, percebe-se que a relação entre as duas primeiras etapas cria uma relação de subordinação frente ao resultado obtido nas etapas seguintes, pois é o sucesso na relação com o distribuidor final que garante a continuidade da indústria de bebidas. De fato, nas palavras de Salomão Filho (2002, p. 70, 71) a distribuição é o "elemento competitivo chave, constituindo, inclusive, barreira à entrada de novos concorrentes", destacando que a relação que se estabelece é entre o distribuidor e o consumidor final, logo, o elemento de análise de mercado é a relação direta entre produtor e revendedor.

Percebe-se que o escoamento da produção de bebidas depende essencialmente da participação dos PDVs, pois são os responsáveis

---

[6] SALOMÃO FILHO, 2006, p. 13.

pela efetiva disponibilização das bebidas ao consumidor final. A rede de distribuidores inicial dos produtos se desenvolve na medida em que há sucesso na distribuição das bebidas pelos PDVs, o que revela uma maior eficiência do agente econômico e justifica o aumento da capacidade produtiva, proporcionando a expansão da empresa em um movimento cíclico.

No mesmo sentido, nota-se que a distribuição após a etapa produtiva ocorre muitas vezes de forma descentralizada, especialmente entre as empresas líderes de mercado, o que demonstra que a etapa inicial de distribuição está intimamente relacionada à capacidade produtiva da indústria e, por isso mesmo, é comum que acompanhe os passos do estabelecimento fabricante independentemente da influência dos revendedores.

No caso do sistema de franquias, a empresa franqueada geralmente é responsável por distribuir seus produtos no mercado; conforme explicam Santos e Azevedo (2003) a estratégia de produção em escala, os custos com *marketing* e logística induzem a indústria de refrigerantes a adotar várias plantas de produção que se compatibilizam com a necessidade de escoamento da produção auxiliando na redução dos custos logísticos. Normalmente a franqueada se incumbe da operação de abastecimento do mercado.

Acrescente-se, ainda, a elasticidade cruzada existente entre os diferentes tipos de bebidas, pois sob a ótica da concorrência os refrigerantes são substituíveis entre si e entre as demais bebidas frias, tais como água e sucos. Esse ambiente de intensa disputa no setor de bebidas torna ainda mais importante a distribuição e a participação dos PDVs na conquista de mercado consumidor final pelos fabricantes.

Ocorre que, em razão de sua essencialidade à indústria de bebidas, os PDVs têm sido continuamente "convencidos" por meio de programas de fidelização patrocinados por empresas dominantes do mercado, o que constitui forma de infração à ordem econômica.

5.3.3 A fidelização dos pontos de venda

O termo *fidelizar* é comumente empregado no setor varejista para representar o conjunto de ações e estímulos proporcionados ao cliente com a finalidade de criar uma preferência por certa loja ou mercadoria. Em relação aos PDVs, representa o conjunto de benefícios e estímulos oferecidos por algumas indústrias de bebidas para aumentar a barreira à entrada de novos concorrentes regionais e com isso reduzir a participação da concorrência.

Conforme demonstrado, a indústria de bebidas depende de uma rede de distribuição bem capilarizada para garantir que seus produtos cheguem aos PDVs e, consequentemente, ao consumidor final, visto que de nada adianta possuir uma marca famosa se o produto não estiver à disposição do consumidor nos pontos de venda (SALOMÃO FILHO, 2002, p. 71, 72). Ocorre que a prática da fidelização consiste justamente em criar barreiras ao desenvolvimento e manutenção dessa relação entre outros fabricantes de bebidas e os PDVs, visando a impedir que determinados produtos sejam expostos no ponto de venda e com isso reduzir sua percepção dos consumidores por outras marcas de refrigerante. Isto é, a lógica concorrencial do processo de fidelização está em impedir o escoamento da produção dos demais fabricantes por meio dos canais de revenda.

No caso dos fabricantes de refrigerantes, constata-se a fidelização a partir de ações continuadas baseadas em cartilhas ou programas de bonificação dos quais os PDVs participam em razão da promessa de prêmios e incentivos. Esses programas estabelecem diversas condutas que devem ser praticadas pelos estabelecimentos revendedores para que sejam acumulados pontos, os quais ao final podem ser trocados por produtos e prêmios variados.

Dentre as principais condutas impostas em tais programas destaca-se a retirada de produtos concorrentes das gôndolas, expositores e refrigeradores em que se encontram os produtos líderes de mercado; a criação de uma estrutura de organização na disposição das bebidas nas gôndolas que gere confusão entre preço e volume; a disposição massiva de marcas nacionalmente conhecidas ao redor de produtos regionais, minimizando o impacto desses produtos e ampliando a percepção dos consumidores sobre os produtos líderes de mercado, entre outras condutas.

Para garantir o funcionamento dessa tática, as indústrias que promovem tais incentivos enviam continuamente agentes de fiscalização até os PDVs participantes para que seja aferido o cumprimento das determinações constantes nos programas e, ao final, ocorra o creditamento dos pontos e demais benefícios prometidos.

Ao longo de sua participação nesses programas os PDVs também recebem diversos benefícios que aumentam o fator de fidelização, dentre os quais é possível citar equipamentos novos para o estabelecimento, como expositores e refrigeradores, além de material gráfico para divulgação de ofertas. Ocorre que esses benefícios somente são disponibilizados ao PDV enquanto ele participar daqueles programas, o que potencializa o fator de fidelização e controle por parte das empresas que têm condições de manter esses tipos de incentivos.

Outra característica dessa estratégia está em condicionar o acúmulo de pontos e o ganho de prêmios e brindes à participação efetiva do PDV durante períodos mínimos de um ano. Com isso, os revendedores se obrigam a implementar condutas discriminatórias em face de produtos regionais de forma duradoura, na expectativa que as contínuas fiscalizações realizadas pelos agentes vinculados ao programa lhe garantam a prometida bonificação futura.

Por outro lado, é comum não existirem regras de transição ou de desligamento para o caso de o PDV decidir retirar-se do programa, o que potencializa a fidelização. Afinal, com o tempo os revendedores descobrem que o abandono prematuro de tais programas ocasionará a perda de todos os pontos acumulados, além dos equipamentos fornecidos e da ajuda na divulgação de suas ofertas.

Dessa maneira, quanto maior o tempo de permanência do PDV no programa, maior é a sua fidelização, pois o acúmulo crescente de pontos permite a obtenção de prêmios, vantagens e ajudas de custo para a manutenção do próprio negócio, o que possibilita o investimento em outras necessidades do estabelecimento.

A intenção de fidelizar os PDVs também se revela no fato de que boa parte da estratégia é voltada à minimercados e pequenas revendas, que são os principais canais de distribuição dos produtos regionais. Como consequência, quanto maior o tempo de permanência desses PDVs em programas de prêmios e "milhagens", tanto maior é o dano para os fabricantes concorrentes, pois a crescente expectativa por prêmios, cupons de desconto, equipamentos e aparelhos para exposição de produtos acaba tornando inviável a manutenção de produtos regionais nas revendas.

Ocorre que, ao proporcionar a exclusão artificial de produtos concorrentes nos PDVs, os programas de fidelização obstam o acesso das empresas concorrentes aos canais de venda — barreira de entrada — e expulsam as já existentes, caracterizando, dessa forma, condutas que podem ser enquadradas como infração à ordem econômica.

A conduta de fidelização não é estranha a outros sistemas jurídicos e já foi objeto de análise, como se verá, na União Europeia.

5.4 O poder de mercado no setor de bebidas

Após caracterizar o problema da fidelização, é preciso compreender a sua influência a partir da análise do poder de mercado no setor de bebidas para, a partir da associação entre fidelidade, poder se constatar a prática de uma conduta extremamente danosa para o desenvolvimento da concorrência neste setor.

O mercado brasileiro de refrigerantes divide-se, basicamente, em quatro sistemas:

i) Coca-Cola: o Sistema Coca-Cola Brasil é composto pela Coca-Cola Brasil e 16 grupos empresariais independentes, chamados de Fabricantes autorizados (Vonpar Refrescos S/A é um destes fabricantes), além da Leão Junior e Del Valle, que elaboram o produto final em suas 43 unidades industriais e o distribuem aos pontos de venda. Em 2009, a Coca-Cola Brasil faturou R$17 bilhões no mercado brasileiro de bebidas não alcoólicas. Sua participação no mercado é de aproximadamente 58% em 2010.

ii) AMBEV: empresa que atua na produção e comercialização de cervejas, refrigerantes, isotônicos, chás e águas. A companhia foi criada por meio da associação das cervejarias brasileiras Brahma e Antarctica. A fusão das duas empresas foi aprovada pelo Conselho Administrativo de Defesa Econômica (CADE) em 30 de março de 2000, durante a análise do Ato de Concentração nº 08012.005846/1999-12. O faturamento no mercado brasileiro em 2009 foi de R$14,6 bilhões (R$2,5 bilhões em bebidas não alcoólicas e R$12 bilhões em cerveja). A participação da AMBEV no mercado de cervejas é de aproximadamente 70% e de 17% no mercado de refrigerantes.

iii) Schincariol: é de aproximadamente 11,6% do mercado de cervejas e 4% do mercado de refrigerantes. Em 2009, a Schincariol faturou R$5,1 bilhões.

iv) Regionais: formado por empresas de pequeno e médio porte, com atuação em mercados limitados geograficamente e, geralmente, com maior participação em nichos marginais de mercado.

Nota-se que o principal jogador do mercado de refrigerantes detém aproximadamente 58% do mercado nacional,[7] o que configura posição dominante nos termos da legislação.[8] Caso sejam somados os

---

[7] Ver TAB. 7 do capítulo 1.

[8] Configura-se posição dominante, segundo o art. 20, da Lei nº 8.884/1994, quando "uma empresa ou grupo de empresas controla parcela substancial de mercado relevante, como fornecedor, intermediário, adquirente ou financiador de um produto, serviço ou tecnologia a ele relativa", e que esta é presumida "quando a empresa ou grupo de empresas controla 20% (vinte por cento) de mercado relevante". Esse percentual ainda pode ser alterado pelo CADE para setores específicos da economia.

dois principais jogadores do mercado, possuem aproximadamente 75% do mercado total de refrigerantes, caracterizando, assim, oligopólio.

Para a caracterização de situação de domínio de mercado faz-se necessária uma análise complexa, que parte da existência de posição dominante e envolve a investigação de outras variáveis, como o número e o tamanho das empresas e o grau de concentração, fatores que determinam a forma de distribuição do mercado entre as empresas. O guia prático do CADE define a relação entre esses fatores com base no controle dos preços:

> Uma empresa (ou um grupo de empresas) possui poder de mercado se for capaz de manter seus preços sistematicamente acima do nível competitivo de mercado sem com isso perder todos os seus clientes. Em um ambiente em que nenhuma firma tem poder de mercado não é possível que uma empresa fixe seu preço em um nível superior ao do mercado, pois se assim o fizesse os consumidores naturalmente procurariam outra empresa para lhe fornecer o produto que desejam, ao preço competitivo de mercado. (CADE, 2007)

O GRÁF. 1 demonstra a evolução das participações de mercado do ano de 2003 a 2009 quando se observa que a estratégia de fidelização tornou-se mais aguda:

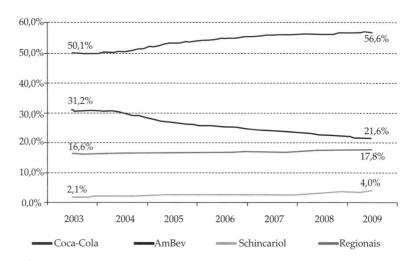

GRÁFICO 1 – Evolução de *Market Share* Nacional
Fonte: Elaborado pela AFREBRAS, com base em dados extraídos do *site* da Abir.

No campo das ciências econômicas existem diversas medidas de concentração de mercado. O índice *HHI*, utilizado pelas Secretarias de Acompanhamento Econômico do Ministério da Fazenda e de Direito Econômico do Ministério da Justiça para análise econômica de atos de concentração, mostra um evidente movimento de intensificação do processo de concentração na indústria brasileira de refrigerantes. Esse índice *HHI* é obtido pela soma dos quadrados dos *Market Shares* das empresas atuantes em determinado mercado de forma que, quanto maior o índice, maior a concentração. Conforme TAB. 1, observa-se que o mercado de refrigerantes é altamente concentrado:

TABELA 1

Intervalos de valores e nível de concentração – *HHI*

Intervalos	Nível de concentração
HHI ≤ 10%	Mercado Altamente Competitivo
10% < HHI ≤ 18%	Mercado Moderadamente Concentrado
18% < HHI < 100%	**Mercado Altamente Concentrado**
HHI = 100%	Monopólio

Fonte: SEAE.

Ainda, o índice CR2 fortalece a análise de concentração do mercado de refrigerantes, demonstrando que somente dois *players*[9] detêm 75% do mercado.

No oligopólio o preço é usado como forma de impedir a entrada de novos competidores, de tal forma que o limite superior se encontra numa posição intermediária, entre o preço no nível competitivo e o preço que maximiza o lucro no curto prazo (POSSAS, 1985, p. 748). Contribui para esse quadro o fato de existir um número pequeno de concorrentes no mercado, pois permite que sejam identificados rapidamente quais concorrentes representam efetivamente uma ameaça.

Ainda no oligopólio do setor de refrigerantes, as empresas regionais existentes são consideradas mais *perigosas* do que eventuais empresas entrantes e é por isso que a prática da fidelização é destinada a bloquear os principais canais de distribuição das empresas regionais,

---

[9] Importante destacar que embora a participação de AMBEV e Pepsi-Cola sejam apuradas separadamente, na verdade compõem um único *player* porque a primeira é a responsável pelo envase e distribuição da segunda.

promovendo a intensificação de um processo artificial de concentração de mercado.

O alto índice de concentração econômica no mercado de bebidas possui efeitos próximos aos oligopólios competitivos, o que é resultado, dentre outros aspectos, das elevadas barreiras à entrada existentes neste mercado.

O setor de bebidas brasileiro pode ser caracterizado por três elementos empresarialmente estratégicos: o emprego de canais de distribuições, os elevados gastos com propaganda e a escolha das embalagens que revestem o produto.

Tais elementos dificultam significativamente a entrada no mercado de novas empresas, pois os entrantes terão altos gastos com propaganda e com a montagem de uma rede eficaz de distribuição, podendo tais investimentos ser de difícil recuperação (AFREBRAS).

Relativamente aos gastos com publicidade, de acordo com pesquisa realizada pelo IBOPE, apenas no *último trimestre* do ano de 2008 o valor gasto com publicidade no setor de bebidas foi de 675,7 milhões de reais. A AMBEV gastou com os anúncios R$179,13 milhões (31% a mais do valor gasto no ano anterior – 2007), sendo seguida pela Cervejaria Petrópolis, que apresentou um gasto de R$34,9 milhões (126% a mais do que valor despendido em 2007), e pela Schincariol que gastou 67,1 milhões (apenas 3% a mais em comparação ao valor gasto no ano anterior).

Ademais, o IBOPE também verificou que 45,4% do total despendido com as campanhas publicitárias no setor de bebidas foram de cerveja, o que corresponde a um total de R$307 milhões, valor 23% maior ao apresentado no último trimestre de 2007. Outra categoria com forte crescimento percentualmente, neste período de um ano (2007-2008), foi a de água mineral, com um aumento de 173%.

Quanto às redes de distribuição, como estas se apresentam essenciais para o êxito das empresas de bebidas, as grandes empresas são induzidas a realizarem operações de fusões/incorporações com a finalidade de expandirem seus negócios, o que resulta no aumento de sua participação no mercado e no consequente aumento do conhecimento de sua marca pelos consumidores. O que se verifica atualmente é um cenário que se caracteriza pela internacionalização das empresas, pela incerteza, acirrada competição e que premia as empresas mais eficientes e com maior poder de mercado, sendo que as fusões e aquisições correspondem a uma maneira rápida de uma empresa conquistar mercados ou consolidar-se em seus ramos de atividade (CAMARGOS; BARBOSA, 2005).

De outro lado, mesmo diante de tais barreiras à entrada no setor de bebidas, a facilidade do processo de fabricação e a sua possibilidade de comercialização em pequenas redes propiciam a atuação de pequenas empresas nos mercados regionais, sendo esta direcionada principalmente aos consumidores de baixa renda econômica, como já foi visto nos capítulos anteriores.

As grandes empresas, devido ao custo mais elevado de seus produtos, precisam de estratégias especiais para conseguir competir com o mercado das empresas de bebidas regionais. Desta forma, as chamadas "tubaínas" ultrapassam barreiras à entrada no setor, firmando-se nos mercados regionais, caracterizando uma ameaça às estratégias concentracionistas.

5.4.1 O mercado de água envasada

Em pesquisa realizada no ano de 2006, verificou-se que o mercado de água envasada estava sob domínio da Nestlé e da Danone, as quais concentravam as suas atividades principalmente na Europa Ocidental e nos Estados Unidos.

Após o imenso crescimento do mercado de água envasada e da perspectiva de altos lucros, novas empresas passaram a exercer suas atividades neste mercado. A Coca-Cola e a Pepsi, que até então já lideravam o mercado norte-americano, expandiram suas atividades para outros mercados, principalmente para a China e Rússia (CONSENZA; LEÃO; ROSA, 2006, p. 109). Atualmente, os grupos empresariais transacionais — Nestlé, Danone, Coca-Cola Company e PepsiCo — detêm 50% do mercado mundial de água envasada (AMBEV).

De tais dados se pode inferir que a concentração de mercado no setor de água envasada por si só representa uma barreira à entrada de novos competidores.

Por outro, o setor também é representativo do poder do *marketing*. As águas saborizadas e gaseificadas foram trazidas ao mercado acompanhadas de um forte esquema publicitário pautado na associação do produto com aspectos da natureza e saúde. Porém, as águas saborizadas contém em sua composição água mineral acrescida de sabor de frutas, sais, conservantes e adoçantes; em geral, com gás carbônico, sendo classificadas pela ANVISA (Agência Nacional de Vigilância Sanitária) como refrigerante e não como água (CONSENZA; LEÃO; ROSA, 2006, p. 109).

Considere-se ainda que a aceitação das limitações em termos de recursos hídricos, ou seja, a tomada de consciência em relação ao risco de escassez da água deve conduzir no médio e longo prazo ao incremento do valor que hoje se reconhece para a exploração deste bem, cujo encarecimento deve contribuir para a ainda maior concentração do setor.

5.4.2 O mercado de cervejas

No ano de 2009, o Brasil foi o 4º maior mercado mundial na produção e no consumo de cervejas, em termos de volume, com uma produção de 108 milhões de hectolitros (AMBEV), conduzindo a um faturamento bruto na ordem de R$31 bilhões (AFREBRAS). Conforme se pode extrair do parecer técnico da SDE (Secretaria de Direito Econômico) no Processo Administrativo nº 08012.003805/2004-10, cuja fonte foi uma pesquisa realizada pelo IBOPE, a concentração econômica no setor de cervejas é significativamente alta.[10]

A tabela abaixo demonstra a porcentagem das marcas de cervejas mais comercializadas nos estabelecimentos empresariais:

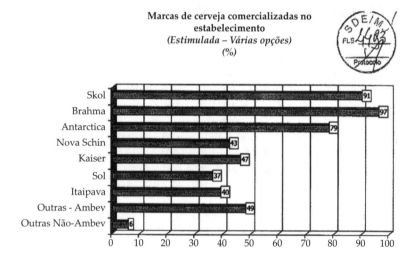

Ressalta-se a intensa presença das cervejas produzidas pela AMBEV, as quais lideram o *ranking* das três principais marcas mais comercializadas no país. Ademais, o IBOPE constatou, nesta mesma pesquisa, que 30% dos pontos de venda operam unicamente as marcas produzidas pela AMBEV.

---

[10] Processo Administrativo nº 08012.003805/2004-10.

No total, a AMBEV é detentora de 16 marcas de cervejas, quais sejam: Brahma, Bohemia, Stella Artois, Antarctica, Franziskaner, Leffe, Skol, Caracu, Hoegaarden, Kronenbier, Norteña, Antarctica Original, Patricia, Polar Export, Quilmes e Serramalte (AMBEV).

No ano de 2009, o lucro líquido da AMBEV foi de R$6 bilhões, sendo R$3,7 bilhões de suas próprias operações e R$2,3 bilhões decorrentes de equivalência patrimonial positiva de suas controladas (AMBEV).

Lembre-se que a atual estrutura da AMBEV decorre de duas operações societárias realizadas: a primeira que resultou da fusão da Antarctica e da Brahma e a segunda da aquisição da AMBEV pela belga Interbrew.

Artigo publicado no ano de 2005 (CAMARGOS; BARBOSA, 2005, p. 54) e que analisa o movimento de fusão que conduziu à criação da AMBEV traz alguns dados significativos utilizando-se de indicadores e suas alterações, comparando resultados concomitantes à fusão da Antarctica e da Brahma, em 1999, e resultados de 2004, imediatamente anteriores à nova operação, agora de fusão de caráter internacional, com a empresa Interbrew:

Indicadores da Antarctica,
da Brahma e da AMBEV (1999 e 2004)

Indicador	Antarctica	Brahma	AMBEV* (jul./1999)	AMBEV (mar./2004)	Variação
Market Share (cerveja)	23,4%	48,9%	72,3%	63,2%	(9,1%)
Market Share (refrigerantes)	10,6%	9,5%	20,1%	16,1%	(4,1%)
Plantas industriais	25	20	45	49	------
Número de Empregados	7.800	10.700	18.500	18.500	------
Vendas Líquidas (R$milhões)	R$1.362	R$3.224,8	R$4.586,8	R$8.683	89,30%
LAJIRDA (em R$milhões)	R$71	R$903	R$974	R$3.072	215,40%
Lucro / Prejuízo Líquido	(R$632)	R$322	(R$310)	R$1.411	455,16%
Volume Vendas (milhões de hl**)	24,7	51,7	76,4	73	4,45%
Países de Atuação	Brasil	Brasil	Brasil	12 países	------

Fonte: Camargos; Barbosa (2001); Consultoria LAFIS (2004).

(*) Valores resultantes da fusão (soma dos valores das duas empresas).

(**) hl = hectolitro = 100 litros.

Do quadro podem ser extraídos alguns dados interessantes. O mercado de cerveja e o mercado de refrigerantes retraíram para a empresa após a operação de 1999, respectivamente em 9,1% e 4,1%. O quadro demonstra, ainda, que as plantas industriais foram ampliadas de 45 para 49 (mesmo com a desativação de algumas linhas de produção, fruto de condicionantes trazidos pelo CADE para a aprovação da operação), o número de empregados manteve-se estável, porém diluído em mais quatro plantas industriais. O valor de vendas líquidas teve um acréscimo em torno de 89%, ao passo que o lucro do período cresceu 455,16%. Tudo num contexto de venda que acresceu 4,45% e com a ampliação de atuação da empresa de um para doze países.

Importante observar que da fusão resultou como efeito imediato uma diminuição do domínio de mercado da AMBEV, ao mesmo tempo em que se fez acompanhar de um aumento no volume de vendas de 4,45% para um aumento de faturamento de 455,16%.

O considerável aumento do faturamento (mais de 450%), por não encontrar equivalência no aumento do volume de vendas (4,45%) provavelmente está relacionado às melhorias gerenciais, especialmente à otimização da utilização da estrutura das duas empresas fundidas e a consequente diminuição dos custos. Também não é absurda a hipótese de se vincular o aumento do faturamento à posição de domínio de mercado da AMBEV, a qual titulava mais de 60% do mercado de cervejas já em 2004, numa confortável posição de mercado que abre a possibilidade teórica da empresa fixar preços sem a perda de sua clientela.

Observe-se que além da visível concentração econômica no setor de cervejas, este é um mercado caracterizado por significativas barreiras à entrada, principalmente no que se refere ao binômio marca-distribuição.

Certamente a situação atual do mercado de cervejas tem como um dos fatores justificados os elevados gastos despendidos com publicidade. A ação da propaganda em relação aos consumidores faz com que, como já foi comentado, um dos mais importantes componentes dos custos das empresas do setor seja o investimento em campanhas publicitárias realizadas pelas mais importantes agências com atuação no país. Certamente que as estratégias criam preferência à marca pelo consumidor, tendo por consequência o estabelecimento de um valor agregado que permite, inclusive, que o preço cobrado pelos produtos seja superior àquele praticado pelos pequenos fabricantes para produtos similares.

O fato de uma empresa poder ditar preços para o mercado, preservando a clientela, é indissociável da ação publicitária que busca a fidelização e a ampliação do consumo.

Ainda sobre a importância do *marketing* num setor de competição acirrada, é notório que parte dos planos de incremento do poder de mercado da AMBEV, quando da primeira fusão, no setor de cervejas, foi frustrado por um bem-sucedido plano publicitário da cervejaria Schincariol, especialmente a partir do lançamento da linha Nova Schin que tomou para si cerca de 7% do mercado de cervejas da AMBEV (CAMARGOS; BARBOSA, 2005, p. 55).

A utilização de ferramentas de *marketing* quer seja na ampliação do volume de vendas, quer seja na generalização de oferta de determinado produto, encontra certos limitadores no Código Brasileiro de Autorregulamentação Publicitária que determina, especificamente no anexo que trata das bebidas alcoólicas, que a propaganda deve ser estruturada de forma socialmente responsável, sendo vedado, por texto ou imagem, qualquer tipo de apelo imperativo de consumo ou de oferta exagerada em relação à unidade do produto.[11]

Quanto ao conteúdo do anúncio publicitário, o Código dispõe que a propaganda: não deve conter cena, ilustração, áudio ou vídeo que apresente ou sugira a ingestão do produto; não deve utilizar texto ou imagem que despreze a moderação do consumo e não pode sugerir que o consumo da bebida alcoólica contribui para coragem pessoal ou poder de sedução.

Mesmo com as limitações impostas pela modalidade de autorregulação, o mercado de cervejas investe fortemente em *marketing* que, ao se utilizar de uma campanha bem planejada e de grande apelo popular é capaz de modificar posição de dominação de mercado de forma expressiva, como ocorreu com o já mencionado lançamento do produto Nova Schin.

Outro fator representativo do setor está na possibilidade de criação de barreira à entrada no respectivo mercado relevante em razão da rede de distribuição. Os fabricantes de cervejas se utilizam de vendas diretas para os grandes consumidores do canal autosserviço e contratam distribuidores independentes, próprios ou terceirizados, para realizarem o abastecimento dos canais tradicional e bares, o que produz um acrescimento significativo nos custos de produção e comercialização. Conforme consta do parecer técnico da SDE no Processo Administrativo nº 08012.003805/2004-10 (AMBEV, p. 32):

---

[11] É o disposto no artigo 44, anexo A, do Código Brasileiro de Autorregulamentação Publicitária: "Regra geral: por tratar-se de bebida alcoólica — produto de consumo restrito e impróprio para determinados públicos e situações — deverá ser estruturada de maneira socialmente responsável, sem se afastar da finalidade de difundir marca e características, vedados, por texto ou imagem, direta ou indiretamente, inclusive slogan, o apelo imperativo de consumo e a oferta exagerada de unidades do produto em quaisquer peça de comunicação".

Disso resulta a necessidade de uma extensa e organizada rede de distribuidores por parte de qualquer player efetivo, conformando barreira à entrada nos canais tradicional e bar relativamente mais elevadas do que no canal de auto-serviço. A essas demandas, some-se o fato de que os canais tradicional e bar apresentam uma série de características que os fazem depender da presença quase que diária de distribuidores em seus recintos: baixa capacidade de estoque; reduzido capital de giro, compras periódicas em pequenos volumes; necessidade de prestação de serviços por parte dos distribuidores (organização dos estoques, comodato de freezers, mesas, letreiros, etc.); dominância das embalagens retornáveis. Tudo isto eleva a complexidade da rede de distribuição e encarece os custos de transação (documentação, cobrança e controle e entrega vis a vis a distribuição no canal auto-serviço).

Especialmente ao ser considerar a distribuição nos canais tradicional e bares que apresentam menor possibilidade de estocagem, as empresas dependem de sua capacidade de dar conta dos custos com logística, mediante a oferta quase que diária de produtos para reabastecimento. A distribuição em escala é um diferencial que reduz os custos das grandes fornecedoras.

A empresa líder do mercado detém grande vantagem em relação às demais, portanto. As vantagens se relacionam diretamente a fatores como ganho obtido na escala de distribuição com o consequente reflexo na fixação do preço do produto, elevado número de compradores, além do já mencionado forte investimento em publicidade.

Por outro lado, algumas das dificuldades à expansão e manutenção do setor derivam da natureza do produto e dos impactos de sua ingestão excessiva para a saúde do consumidor (CPRM). As restrições governamentais ao consumo de cervejas podem estar relacionadas à fixação de idade mínima para o consumo (com variações nos diversos países entre 18 e 21 anos de idade); alguns governos, como é o caso da Venezuela e de algumas regiões da Argentina e do Canadá, exigem lojas próprias com licenças especiais para a venda de bebida alcoólica. Outros exemplos, também do Canadá, se relacionam à fixação de preço mínimo para a venda do produto, medida esta conhecida como *Social Reference Price* (SRP), e que varia de acordo com as diferentes embalagens. Nas províncias canadenses de New Brunswick, Newfoundland, Nova Scotia, Prince Edward Island e Saskatchewan a venda de cerveja é restrita às lojas específicas de propriedade do governo.[12]

---

[12] AMBEV (American Beverage Company). *Company Information*, p. 32. Disponível em: <http://google.brand.edgaronline.com/EFX_dll/EDGARpro.dll?FetchFilingHtmlSection1?SectionID=749110-113571-188396&SessionID=0Mm3HHhot2q_t47>. Acesso em: 23 fev. 2011.

No Brasil, uma das maiores dificuldades encontrada pelos empresários no setor de bebidas frias se refere à elevada carga tributária presente no setor. Esta situação se intensificou com o Decreto Presidencial nº 7.455, publicado no *Diário Oficial* em 28 de março de 2011, que reajustou o preço de referência das cervejas, água mineral, refrigerantes e isotônicos em aproximadamente 15%. Com esta medida, em 2011, o governo arrecadará R$948 milhões a mais em relação ao valor arrecado no ano anterior, valor que certamente será repassado ao consumidor final, tendo em vista o provável aumento do preço do produto.[13] Ao mesmo tempo em que a elevação da carga tributária deverá conduzir a um incremento na arrecadação tributária também pode ser utilizada como ferramenta de desestímulo ao consumo pela via do inexorável aumento do preço do produto que chega ao consumidor.

Mesmo num ambiente que não se mostra muitas vezes favorável à comercialização de cervejas, grandes empresas como a AMBEV tem estrutura para se manter fortemente no mercado. Acerca dos elementos que comprovam o poder de mercado da AMBEV:

> sua própria dimensão econômica (indicada por seu faturamento, este alavancado por sua capacidade de endividamento e acesso ao mercado financeiro nacional); a diversificação para inúmeros outros mercados de bebidas; o controle sobre a rede de distribuição e pontos-de-venda em dimensão que virtualmente, se não efetivamente, bloqueia o acesso de concorrentes e entrantes no mercado e lhe permite manipular as condições de sobrevivência de concorrentes, de acordo com as estratégias adotadas pela companhia. Adicionalmente, a companhia detém formidável poder de monôpsio com relação aos fornecedores de insumos, matérias primas e materiais de embalagem; em torno de quatro de suas vendas dependem da vontade da AMBEV.[14]

---

[13] Nesse sentido, Zildo de Marchi, presidente do Sistema Fecomércio-RS/Sesc/SENAC afirma que "aumentar o preço de mercadorias essenciais significa, em última instância, reduzir a riqueza da população, que dedicará mais verba para tal consumo". Para ele, qualquer aumento de impostos é negativo no Brasil, que já possui uma carga tributária correspondente a 34% do PIB. "Trata-se de um índice totalmente fora dos padrões de países em desenvolvimento", comenta, lembrando que as consequências atingem toda a economia. "Não existe outra explicação para tais medidas que não ações arrecadatórias", lamenta o presidente (AFREBRAS – ASSOCIAÇÃO DOS FABRICANTES DE BEBIDAS DO BRASIL. *Reajuste de bebidas deve gerar impactos negativos para empresas e consumidores.* Disponível em: <http://www.clipex.com.br/noticias/n_mostra_noticia.php?c=00615&t=1&n=7468&v=Propaganda%20RS>. Acesso em: 19 abr. 2011).

[14] OLIVEIRA, Alessandro Vinícius Marques de; SALGADO, Lúcia Helena; FERREIRA, Natália dos Santos. Investigação de práticas predatórias em mercados de cerveja no Brasil. *In*: MATTOS, César (Org.). *A revolução antitruste no Brasil 2*: a teoria econômica aplicada nos casos concretos. São Paulo: Singular, 2008. p. 482.

Ao mesmo tempo em que as grandes empresas vencem os obstáculos e se firmam nos mercados, cria-se uma situação oposta para os pequenos fabricantes e para que novas empresas busquem entrada no mercado nacional. É inegável que empresas de grande porte e com posição em mercado de alta concentração detém o poder de manipular as condições de sobrevivência das concorrentes, têm o controle sobre os pontos de venda, sobre os fornecedores de materiais indispensáveis para a produção de bebidas e a faculdade de ditar os preços do produto que oferece ao mercado.

5.4.3 O mercado de refrigerantes

O Brasil é terceiro maior mercado de refrigerantes do mundo, estando atrás dos Estados Unidos e México. No ano de 2004, as vendas em hectolitros foram de aproximadamente 123 milhões.[15]

A importância do mercado de consumo nacional de refrigerantes e a peculiaridade da existência de empresas de caráter regional aguçam o interesse dos grandes produtores no sentido de reduzir a participação dos regionais e ampliar sua participação no mercado.

Mais uma vez o caso AMBEV pode ilustrar a situação do mercado de refrigerantes e suas peculiaridades no Brasil. Uma das justificativas utilizadas para a fusão que deu origem à AMBEV foi justamente a crescente projeção dos fabricantes regionais no setor, as chamadas marcas independentes.[16]

Segundo dados disponíveis,[17] o mercado nacional de bebidas é constituído por 238 empresas em atividades. As grandes empresas do setor de refrigerantes, como já foi comentado, são a Coca-Cola (incluindo a sua empresa Recofarma Indústria do Amazonas Ltda. e as suas demais franqueadas no Brasil), AMBEV (com suas empresas de concentrados Pepsi-Cola, entre outros) e o Grupo Schincariol, as quais, juntas, detêm 91% do faturamento do setor.

Observa-se que as principais empresas de refrigerante do Brasil detêm, juntas, aproximadamente 80% do *Market Share*. Enquanto isto,

---

[15] AZEVEDO, Paulo Furquim de; SANTOS, Selma Regina Simões. *Concorrência no mercado de refrigerantes*: impactos das novas embalagens, p. 3. Disponível em: <http://www.ufrgs.br/decon/virtuais/eco02003a/ok_03.pdf>. Acesso em: 11 fev. 2011.

[16] CAMARGOS; BARBOSA, *op. cit.*, p. 51.

[17] AFREBRAS – ASSOCIAÇÃO DOS FABRICANTES DE BEBIDAS DO BRASIL. *Setor de refrigerantes*. Disponível em: <http://www.afrebras.org.br/refrigerante.php>. Acesso em: 11 fev. 2011.

cerca de 130 empresas, espalhadas em 25 estados do país, detêm um mercado de aproximadamente 17%.

A relativamente pequena participação no mercado das demais empresas pode ser explicada por diversos fatores, dentre eles as notórias barreiras à entrada do setor e a sistemática de tributação que beneficiava as grandes empresas em detrimento das empresas regionais, além do poder gerado por meio dos processos de fusão de âmbito nacional e internacional.

Como exemplo, pode-se mencionar o favorecimento das grandes empresas em relação ao não pagamento do IPI, a não retenção antecipada de PIS/Cofins na embalagem de 290ml, assim como na utilização de créditos de impostos advindos da Zona Franca de Manaus,[18] assunto também abordado neste livro.

Com base nos dados da Suframa, a renúncia fiscal (referente às isenções, restituições e reduções) das grandes empresas de refrigerantes, durante os anos de 2004-2007, foi de R$5.831.649.359,92. Quanto à transferência de crédito, a renúncia fiscal total, nos quatro anos, foi de R$10.024.270.486,11. Os impostos cobrados à AMBEV sobre as vendas de suas cervejas, representado como uma porcentagem das vendas brutas foi de: 31,3% no Brasil, 21% no Canadá, 9,1% na América Central, 46,2% no Equador, de 47,1% no Peru, 50,3% em República Dominicana, 26,3% na Venezuela, 26,1% na Argentina, 33,7% na Bolívia, 25,7% no Chile, 15,3% no Paraguai e 25,4% no Uruguai.[19]

Se, de um lado, o sistema tributário da forma como é concebido no Brasil para o setor é extremamente inadequado para as pequenas empresas, por outro lado a importância regional de tais empresas não pode passar despercebida.

Tome-se como exemplo a Coca-Cola, empresa que gera em torno de 44 mil empregos no Brasil,[20] enquanto as pequenas empresas regionais, juntas, geram em torno de 21 mil empregos diretos.[21] Projetando-se

---

[18] AFREBRAS – ASSOCIAÇÃO DOS FABRICANTES DE BEBIDAS DO BRASIL. *Setor de refrigerantes*. Disponível em: <http://www.afrebras.org.br/refrigerante.php>. Acesso em: 11 fev. 2011.

[19] AFREBRAS – ASSOCIAÇÃO DOS FABRICANTES DE BEBIDAS DO BRASIL. *Setor de refrigerantes*. Disponível em: <http://www.afrebras.org.br/refrigerante.php>. Acesso em: 11 fev. 2011.

[20] COCA-COLA. *Dia mundial de limpeza de rios e praias 2010*. Disponível no site oficial da Coca-Cola Brasil: <http://www.cocacolabrasil.com.br/release_detalhe.asp?release=235&categoria=35>. Acesso em: 06 abr. 2011.

[21] AFREBRAS – ASSOCIAÇÃO DOS FABRICANTES DE BEBIDAS DO BRASIL. *Setor de refrigerantes (pequenas empresas)*. Disponível em: <http://www.afrebras.org.br/refrigerante. php>. Acesso em: 11 fev. 2011.

estes dados para a fatia de mercado detida pela primeira e pelas segundas, são cerca de 44 mil empregos para uma ação no mercado que remonta a quase 45% do consumo no setor — no caso Coca-Cola — em contraposição a cerca de 21 mil empregos para uma participação de 16% — empresas representadas pela AFREBRAS. Portanto, em termos de geração de empregos existe uma clara vantagem na manutenção de empresas independentes do ramo, em sua maior parte sediadas em cidades de médio porte, e, de forma descentralizada, em relação aos grandes centros. Ademais, o foco é direcionado aos mercados locais, gerando os mencionados postos de trabalho, além de outras externalidades relacionadas às atividades empresariais correlatas ao setor e ao menor preço com que chegam às prateleiras.

Os refrigerantes, aponte-se, por apresentarem maiores distinções entre si, proporcionam diferentes graus de preferências dos consumidores. Porém, independentemente do sabor, os refrigerantes são considerados produtos substituíveis entre si e com as demais bebidas (por exemplo, água, sucos, isotônicos, entre outros).

Pelo fato de o refrigerante ser um bem substituível e a sua aquisição não ser essencial aos consumidores, caracteriza-se uma elevada elasticidade-preço (a demanda tem uma forte relação com a renda do indivíduo e o preço do produto). Em outras palavras, estes dois fatores resultam em uma alta sensibilidade dos consumidores em relação à modificação dos preços.

Conforme o entendimento de Azevedo e Santos,[22] existem dois grupos estratégicos distintos, no setor de refrigerantes, com diferentes margens de lucros.

O primeiro grupo é constituído por um reduzido número de grandes empresas, mais especificamente a Coca-Cola e a AMBEV.[23] Ambas as empresas atuam no mercado nacional e internacional, são dirigidas aos consumidores de maior renda, possuem uma produção em larga escala com uma forte distribuição, além de investirem significativos valores com propaganda e *marketing* para reforçar a diferenciação do produto e influenciar o consumidor em sua escolha.

---

[22] AZEVEDO, Paulo Furquim de; SANTOS, Selma Regina Simões. *Concorrência no mercado de refrigerantes*: impactos das novas embalagens, p. 3. Disponível em: <http://www.ufrgs.br/decon/virtuais/eco02003a/ok_03.pdf>. Acesso em: 11 fev. 2011.

[23] CONSENZA, José Paulo; LEÃO, Luciana Teixeira de Souza; ROSA, Sergio Eduardo Silveira de. *Panorama no setor de bebidas no Brasil*. BNDS setorial, Rio de Janeiro, n. 23, p. 109, mar. 2006.

Os elevados custos direcionados à diferenciação do produto caracterizam barreiras à saída, tendo em vista que estes elevados investimentos não podem ser apropriáveis nos demais mercados. O segundo grupo é constituído pelas empresas regionais cuja atuação recai sobre os consumidores de menor renda. Estes grupos ocupam uma pequena parcela do mercado, sendo a marca do produto conhecida apenas em sua área de atuação (são as chamadas "tubaínas").

Ressalta-se que a fabricação das garrafas PET (polietileno tereftalato), devido ao seu menor custo de produção, facilitou significativamente a entrada das empresas menores nos mercados regionais. Além do custo das embalagens PET ser significativamente menor em relação às embalagens de vidro, este é um material mais resistente e de fácil descarte.

Ademais, o sistema de reutilização das embalagens de vidro obriga as empresas a adquirirem vasilhames suficientes, a ponto de viabilizar a logística do sistema de distribuição do produto. Desta forma, a necessidade de uma grande quantidade de garrafas onera os custos das pequenas empresas, excluindo-as do mercado.

A introdução das garrafas PET no mercado, ocorrida nos anos 80, eliminou a necessidade de manutenção de um grande estoque de vasilhames, o que, consequentemente, viabilizou, como mencionado, a entrada das pequenas empresas no mercado de refrigerantes.

Assim sendo, os aspectos que estimulam a inserção no mercado das empresas regionais incluem a desnecessidade das grandes redes de distribuição, o baixo custo com a embalagem, transporte e estocagem.

A aceitação pelos consumidores das novas garrafas PET foi imediata, principalmente devido ao custo reduzido em comparação às garrafas de vidro. Tamanha é esta aceitação que, além do setor de refrigerantes, as garrafas PET tiveram sucesso nos setores de água, sucos e cervejas.[24]

---

[24] A Coca-Cola implantou, no ano de 2009, a garrafa PlantBotlle, primeira garrafa PET constituída parcialmente de matéria vegetal (30% de vegetal a base de planta) 100% reciclável. A diretora de Desenvolvimento de Embalagem da PespiCo Brasil, Alexandrina Lopes, afirma que "a partir de 2012 a empresa deve colocar no mercado norte-americano a garrafa plástica feita inteiramente a partir de resíduos orgânicos". A previsão para a chegada desta garrafa inteiramente orgânica no Brasil é de 2017 (AFREBRAS. *Pepsi e Coca-Cola disputam produção de garrafa 'verde'*. Disponível em: <http://www.clipex.com.br/noticias/n_mostra.noticia.php p?c=00615&t=1&n=7500&v=Associa%E7%E3º%20Brasileira%20de%20Supermercados>. Acesso em: 05 abr. 2011).

Todavia, muito se discute acerca dos problemas ocasionados pela garrafa PET ao meio ambiente.[25] A solução encontrada é a inserção na sociedade de um sistema de obrigatoriedade de reciclagem.[26] Assim como o costume dos consumidores se alterou rapidamente com a implantação das garrafas PET no mercado, será imprescindível uma mudança dos hábitos em relação à reciclagem das garrafas, acompanhada de políticas governamentais adequadas.

Desta forma, empresas menores terão um maior incentivo para permanecer no mercado de bebidas e a coletividade se beneficiará de um mercado menos centralizado.

Quanto às barreiras à entrada encontradas no mercado de refrigerantes, são muito próximas às existentes no mercado de cervejas. Neste sentido, é o entendimento majoritário:

> Tal qual ocorre em outros segmentos, aspectos como preferência pela marca, distribuição, disponibilidade e embalagem do produto, preços, promoções com os consumidores, oferta de equipamentos de refrigeração e serviços aos pontos-de-venda a varejo, incluindo equipamento de merchandising, manutenção de estoques de garrafas e freqüência de visitas, são importantes na disputa por uma fatia maior no segmento de refrigerantes.[27]

Sobre as vantagens competitivas das grandes empresas no setor, diversas são as disparidades existentes em relação às empresas regionais. Pode-se afirmar que decorrem dos mesmos fatores que constituem as principais barreiras à entrada: a) a grande capacidade

---

[25] A PepsiCo divulgou a produção de uma garrafa PET com 100% de matéria prima vegetal. A garrafa é composta de painço amarelo, palha de milho, casca de pinheiro entre outros materiais. Insta salientar que "a nova garrafa tem aparência igual à das garrafas atuais e proporciona a mesma proteção". Ademais, a PepsiCo informou que esta é a primeira garrafa de plástico do mundo sendo totalmente reciclável. A reportagem afirma, ainda, que o PET "é um material de preferência para embalagens porque é leve e resistente, além de não afetar o sabor. (...) Ao usar material vegetal, as empresas reduziriam seu impacto ambiental" (AFREBRAS. *Pepsi anuncia sua garrafa PET "ecológica"*. Disponível em: <http://www.clipex. com.br/noticias/n_mostra_noticia.php?c=00615&t=1&n=7294&v=Valor%20Econ%F4mico>. Acesso em: 16 mar. 2011).

[26] Nas palavras do Presidente da Associação Brasileira de Indústria de PET, Auri Marçom, "em 2009, mais de 55, 7% da produção de 512 mil toneladas de PET foram recicladas" (AFREBRAS. *Pepsi e Coca-Cola disputam produção de garrafa 'verde'*. Disponível em: <http:// www.clipex.com.br/noticias/n_mostra.noticia.php?c=00615&t=1&n=7500&v=Associa%E7 %E3º%20Brasileira%20de%20Supermercados>. Acesso em: 05 abr. 2011).

[27] CONSENZA, José Paulo; LEÃO, Luciana Teixeira de Souza; ROSA, Sergio Eduardo Silveira de. *Panorama no setor de bebidas no Brasil*. BNDS setorial, Rio de Janeiro, n. 23, p. 109, mar. 2006.

de investimento das grandes empresas (mais especificamente da AMBEV e da Coca-Cola); b) os gastos significativos com propaganda e *marketing*, o que influencia significativamente na opção de compra dos consumidores; c) o abrangente rol de marcas e produtos de uma mesma empresa; d) os contratos de exclusividade das grandes empresas nos espaços públicos; e) a disposição dos produtos "de marca" nos supermercado e; f) o sistema de distribuição de bebidas.

No que se refere ao ambiente social, observa-se um movimento que tem induzido à mudança de comportamento de alguns consumidores, em atenção à saúde, com a perspectiva inclusive de redução do consumo de refrigerantes, optando-se por produtos mais saudáveis.

Diante desta perspectiva fica clara a estratégia das grandes empresas de ampliação do rol de seus produtos, com o intuito de não perderem parcela de seus consumidores, orientando a produção de água envasada, chás gelados, sucos, entre outros produtos. Esta estratégia é adotada, por exemplo, pela Coca-Cola a qual recentemente adquiriu o chá Mate Leão e o Suco Del Valle, além de produzir água envasada.

Também é comum nas grandes empresas a associação ao ramo de alimentos em operações de incorporação e formação de parcerias. Tais operações, quando levadas ao CADE, tem sido confirmadas.[28]

Em razão de suas próprias características, as empresas de maior porte têm também maior facilidade em formar parcerias e realizar movimentos de aquisição de empresas de outros setores, como forma de diversificação do portfólio.

5.5 O mercado relevante de refrigerantes e suas dimensões

Embora o trabalho também analise o setor de bebidas frias de forma mais ampla, cumpre tecer considerações um pouco mais detalhadas em relação aos refrigerantes.

Mercado relevante é aquele em que se travam as relações de concorrência ou atua o agente econômico cujo comportamento está

---

[28] A título exemplificativo: Ato de Concentração nº 08012.000238/2009-54, requerentes: Coca-Cola, Spaipa e Recofarma, julgamento (2009): aprovação sem restrições, fundamentos da decisão: a concentração não implicará em posição dominante pelas Requerentes, nem mesmo a diminuição do nível de concorrência existente no mercado atual de bebidas não alcoólicas no Brasil, uma vez que as duas possuem baixa participação neste mercado. Neste mesmo sentido, é o voto do CADE nos seguintes atos de concentração envolvendo o mercado de bebidas frias: 08012.000097/2009-70, 08012.006800/2008-72, 08012.003302/2007-97, 08012.006520/2008-64, 08012.002172/2004-22, 08012.007727/2001-80, 08012.000059/1999-11, entre outros.

sendo analisado (FORGIONI, 1998, p. 200). Sob a ótica dos órgãos de proteção e defesa da concorrência no Brasil, o Anexo V da Resolução nº 15 do CADE, de 1998, dispõe sobre o mercado relevante:

> Um mercado relevante do produto compreende todos os produtos/ serviços considerados substituíveis entre si pelo consumidor, devido às suas características, preços e utilização. Um mercado relevante do produto pode eventualmente ser composto por certo número de produtos/serviços que apresentam características físicas, técnicas ou de comercialização que recomendam o agrupamento.

A Portaria Conjunta SEAE/SDE nº 50 destaca ainda que "o mercado relevante se constituirá do menor espaço econômico no qual seja factível a uma empresa, atuando de forma isolada, ou a um grupo de empresas, agindo de forma coordenada, exercer o poder de mercado".

A definição do mercado relevante constitui pressuposto para a delimitação do palco de atuação dos agentes econômicos e sua conceituação é necessária para a fixação do objeto de estudo a partir das condições de concorrência (FONSECA, 2007, p. 173). Possui fundamental importância na caracterização das condutas anticompetitivas sob análise, pois o poder de mercado somente pode ser analisado sob a ótica de determinado mercado relevante, de modo que a identificação da infração econômica depende da correta definição do campo de atuação daqueles agentes (NOGUEIRA, 2003, p. 80).

Reforçando-se, o mercado relevante corresponde ao ambiente no qual se trava a concorrência relacionada à prática que está sendo considerada como restritiva e sua correta definição depende de uma operação lógico-econômica capaz de identificar as relações de concorrência de que participa o agente econômico.

A jurisprudência do CADE adota critérios tradicionais para a definição do mercado relevante,[29] destacando-se a análise de aspectos geográficos e de interdependência entre bens, produtos e serviços oferecidos pelas empresas envolvidas no ato. Nesse sentido, a delimitação do espaço da concorrência pode ocorrer com base na geografia — a dimensão geográfica — e na possibilidade de substituição do produto ou serviço por outro da mesma natureza — a dimensão material ou de produto.

---

[29] Análises detalhadas sobre a definição do mercado relevante no setor de bebidas frias podem ser consultadas no Ato de Concentração nº 83/96 (Antarctica/Anheuser-Busch) e no Ato de Concentração nº 08012.005846/1999-12 (fusão Brahma/Antarctica).

5.5.1 A dimensão material

No ato de concentração que originou a AMBEV a definição de mercados relevantes envolvidos se fez por produto: água, cerveja e refrigerante.[30] A delimitação material é feita sob a ótica do consumidor, considerando o produto ou serviço pelos quais o consumidor poderia permutar por outro produto ou serviço:

> Se a mercadoria ou o serviço pode ser perfeitamente substituído, de acordo com a avaliação do consumidor médio, por outro de igual qualidade, oferecidos na mesma localidade ou região, então o mercado relevante compreenderá também todos os outros produtos ou serviços potencialmente substitutos. (COELHO, 1995, p. 58)

De fato, o mercado de refrigerantes possui uma elasticidade cruzada alta, porque os produtos são substituíveis entre si — refrigerante A pelo refrigerante B — e com outras bebidas frias, tais como sucos e águas minerais. Quando a substituição não se dá de forma leal, mas a partir de benefícios oferecidos em programas de fidelização, tem-se potencial hipótese de infração à ordem econômica que impede o acesso dos consumidores aos refrigerantes regionais, revelando a motivação econômica do agente que promove a bonificação.

Interessante análise do mercado brasileiro de refrigerantes consta da versão pública do ato de concentração que aprovou a aquisição de plantas industriais da Cervejaria Cintra pela AMBEV.[31] No item 66 do parecer técnico destaca-se a importância dos canais de consumo nos quais estão distribuídos os vários PDVs, pois de nada adianta ter uma marca forte se esta não estiver nos canais de distribuição (SALOMÃO FILHO, 2002, p. 71, 72), característica que está presente no mercado brasileiro de refrigerantes:

> 66. Vale observar que de nada adianta a fixação da marca se esta não estiver disponível para o consumidor nos canais de consumo. Assim, um eventual gasto expressivo de um concorrente com investimento em propaganda pode ser neutralizado ou desacelerado com o fechamento dos canais de distribuição (ou de parte dele), elevando-se assim o custo unitário de publicidade e distribuição do concorrente. Essa não é uma característica exclusiva do mercado de cerveja, sendo também encontrada

---

[30] Ato de Concentração nº 08012-005846/1999-12.
[31] Ato de Concentração nº 08012.003302/2007-97.

em outros mercados de bens diferenciados vendidos predominantemente nos canais tradicional e bar, como é o caso de cigarros, refrigerantes e sorvetes, entre outros. É por esse motivo que as barreiras à entrada presentes no mercado de cervejas são comumente referidas como o binômio marca-distribuição.

Sobre os canais de consumo, destaca-se a divisão classicamente adotada:

a) Autosserviço: caracteriza-se pela presença de caixas registradoras (*check outs*) e pelo fato de que o consumidor se serve sem a presença de vendedores, num mínimo de 03 *check outs*; o principal exemplo são os supermercados;

b) Bar: caracteriza-se pelo consumo da bebida no próprio estabelecimento comercial e em geral "a frio", e os exemplos são bares, lanchonetes, restaurantes, casas noturnas;

c) Tradicional: caracteriza-se pelo hibridismo, pois permite o consumo local e a presença de vendedor para auxiliar na compra, e os exemplos são as padarias, mercearias, adegas e depósitos.

Para Salomão Filho (2002, p. 71) a distribuição conjunta de bebidas e refrigerantes justificaria uma análise do mercado a partir do binômio produtor-revendedor.

De toda forma, existem significativas barreiras de entrada em cada canal de consumo. Para o canal autosserviço (supermercados) os gastos são menores porque o volume médio de vendas/compras é muito superior, mas envolve gastos para o desenvolvimento de estrutura capaz de disponibilizar grandes volumes de produtos, o que inviabiliza a entrada de alguns produtores no canal, por isso não é comum localizar-se produtos regionais nas gôndolas. De fato, como geralmente são redes de supermercados, estas concentram as compras e permitem a programação da distribuição sem investimentos adicionais da parte dos líderes de mercado. Essa mesma situação é verificada no mercado de cervejas.

No canal autosserviço, os fabricantes encontram dificuldades de fornecimento também em razão de alguns supermercados fazerem exigências vultosas (pagamento de taxas de gôndola, bonificações, etc.) que são incompatíveis com o porte econômico dos regionais. De fato, os fabricantes regionais não conseguem entrar em PDVs que possuam mais de 10 (dez) *check outs*.

Muito diferente é a situação dos canais tradicional (mercearias, padarias, etc.) e bar (bares, lanchonetes, etc.). Nestes dois casos uma rede de distribuição capilarizada é condição fundamental para garantia de abastecimento dos PDVs. Esses tipos de PDV exigem visitas periódicas de promotores e distribuidores em razão do reduzido volume de compras, pois não podem ter grandes estoques ou comprometer seu capital de giro. Também é preciso um maior investimento em *marketing* e propaganda, o que se dá muitas vezes através do fornecimento de geladeiras, expositores, mesas, cadeiras e encartes temáticos.

No caso do canal bar, as embalagens mais vendidas são a lata e a pequena embalagem de vidro (290ml), ou seja, setores em que os fabricantes regionais praticamente não atuam. No caso da lata, a dificuldade de acesso ao insumo faz com que a maioria dos fabricantes regionais não tenha a opção em seu *mix*. Já a embalagem de vidro de 290ml é dominada praticamente na sua totalidade pela Coca-Cola, líder do mercado (ABIR).

Conclui-se que o canal tradicional é fundamental para os fabricantes regionais, mas ainda assim é caracterizado por importantes barreiras de entrada em relação aos regionais.

Acrescente-se ainda o problema das estratégias de fidelização dos revendedores, já comentadas, que criam barreiras, a curto e longo prazo, à entrada de novos concorrentes no mercado e à permanência dos já existentes, já que os PDVs não poderão adquirir refrigerantes regionais sob pena de não atingirem o volume imposto para ter acesso aos prêmios e demais vantagens, uma vez que deixarão de pontuar segundo as regras do programa. Gera-se uma tendência de o PDV preferir concentrar suas compras nos produtos dos oligopolistas que oferecem tais vantagens, ao invés de diversificar os produtos, refrigerantes, que englobam tanto as marcas tradicionais de refrigerante quanto as *tubaínas*, integrantes do mercado de refrigerantes carbonatados.

5.5.2 A dimensão geográfica

A dimensão geográfica não envolve apenas o espaço de atuação do poder de mercado, mas abrange todo o território no qual as condutas anticompetitivas são praticadas e produzem efeitos. Conforme explica Salgado (1997, p. 55, 56) não existem dicotomias como mercado nacional e internacional, podendo um mercado compreender vários países ou cidades, desde que as relações entre as unidades possam influenciar as estratégias de ocupação do mercado em relação às empresas ofertantes.

Neste ponto algumas premissas precisam ser abordadas desde logo. O raio de atuação de uma planta de refrigerantes é de 500 quilômetros e no Brasil estima-se a existência de aproximadamente 850.000 a 1.000.000 de pontos de distribuição, conforme já concluiu o

CADE.[32] Somando esses dois fatores — raio de atuação e capilaridade da distribuição — conclui-se que num curto espaço de tempo uma sistemática como a de fidelização do PDV importaria para o consumidor a ausência de alternativas no mercado de refrigerantes.

O sistema de fidelização obriga o consumidor a migrar para outro ponto de venda para adquirir um refrigerante regional, o que de modo geral não será feito, conduzindo-o a comprar o produto que está disponível no ponto de venda para o qual se deslocou. Num curto espaço de tempo também haverá elevação do preço médio ao consumidor final e um aumento artificial da diferenciação de produtos com recuo na participação de mercado dos concorrentes regionais.

A estratégia da fidelização é claramente rentável para os líderes de mercado, que já dominam o canal autosserviço e que também poderão dominar o canal tradicional, uma vez que a rentabilidade está associada à adesão maciça dos pontos de venda aos programas de fidelização, estimulados pela concessão de "prioridades" variadas (na obtenção de encartes temáticos, promoções, suporte de promotores, equipamentos e expositores). Essa estratégia não se baseia na maior eficiência, mas num conjunto de práticas potencialmente anticoncorrenciais.

O abuso do poder econômico mediante fidelização do PDV é ainda mais grave quando se observa a situação corriqueira dos oligopolistas, pois já possuem uma significativa participação no mercado de refrigerantes, detêm as marcas com melhor percepção de imagem, maior preço unitário e maior grau de fidelização, o que agrava as consequências da conduta.

Destaca-se que a exclusividade na distribuição de refrigerantes e no uso de equipamentos fornecidos pela indústria de bebidas já foi objeto de análise pela Comissão Europeia, o que será retomado mais adiante, e levou a Coca-Cola a firmar diversos compromissos, com o objetivo de aumentar a escolha dos consumidores no mercado de refrigerantes. Dentre os compromissos destaca-se o de não promover acordos de exclusividade; não oferecer descontos por quantidade ou "por lote"; não fazer uso de marcas fortes para promover a venda de produtos menos populares; e não se opor a que os PDVs utilizem até 20% dos espaços em refrigeradores fornecidos pela Coca-Cola para a exposição de quaisquer produtos e bebidas concorrentes (UE, 2011):

> Competition: Commission makes commitments from Coca-Cola legally binding, increasing consumer choice

---

[32] Ato de Concentração nº 08012.003805/2004-10, fls. 4894/4895.

(...)

The commitments offered by The Coca-Cola Company and three major bottlers (Coca-Cola) relate to carbonated soft drinks (CSDs) and provide:

-No more exclusivity arrangements. At all times, Coca-Cola customers will remain free to buy and sell carbonated soft drinks from any supplier of their choice. Where large, private sector customers or public authorities organise a competitive tender for their supplies and Coca-Cola provides the best offer, it can be the only CSD supplier.

-No target or growth rebates. Coca-Cola will no longer offer any rebates that reward its customers purely for purchasing the same amount or more of Coca-Cola's products than in the past. This should make it easier for Coca-Cola's customers to purchase from other CSD suppliers if they so wish.

-No use of Coca-Cola's strongest brands to sell less popular products. Coca-Cola will not require that a customer that only wants to buy one or more of its best-selling brands (e.g. regular Coke or Fanta Orange) also has to purchase other Coca-Cola products such as its Sprite or its Vanilla Coke. Similarly, Coca-Cola will no longer offer a rebate to its customers if the customer commits to buy these other products together with its best-selling products or to reserve shelf space for the entire group of products.

-20% of free space in Coca-Cola's coolers. Where Coca-Cola provides a free cooler to a retailer and there is no other chilled beverage capacity in the outlet to which the consumer has a direct access and which is suitable for competing CSDs, the outlet operator will be free to use at least 20% of the cooler provided by Coca-Cola for any product of its choosing.

Importante notar que a destinação de espaço em refrigeradores fornecidos pela Coca-Cola revela a flexibilização do poder econômico exercido pela multinacional junto aos PDVs da União Europeia, pois a autoridade antitruste observou que o fornecimento desses e de outros equipamentos em regime de uso exclusivo criava uma barreira à entrada dos demais fabricantes no mercado.

No caso, essa tática é capaz de potencializar o fator de fidelização dos programas de bonificação, pois envolve a redução de custos operacionais para os PDVs. De fato, ao receber gratuitamente novos aparelhos e ganhar subsídios para a confecção de materiais publicitários, os PDVs têm condições de investir em outros aspectos de seus estabelecimentos, redirecionando os recursos que serviriam para a revitalização e manutenção de suas lojas.

No entanto, como não percebem que a redução de custos está estritamente vinculada à sua participação nesses programas, os PDVs deixam continuamente de investir nesses aspectos até chegar ao ponto de ser totalmente inviável seu desligamento do programa. De fato, quando percebem que perderão todos os equipamentos, refrigeradores e subsídios de divulgação, os PDVs já não têm condições de investir em novos aparelhos e novas formas de divulgação, de forma que não mais conseguem manter a atividade econômica sem aqueles incentivos — nesse ponto, o PDV está totalmente viciado no programa de bonificação e fidelizado aos grandes fabricantes.

O CADE reconhece a importância dos canais de distribuição e a tendência de escolha das marcas com maior saída, assim, qualquer programa que objetive fidelizar um PDV é uma atitude temerária sob o ponto de vista concorrencial, porque aumenta a barreira à entrada para outros concorrentes e exclui aqueles que já se encontram no canal de consumo. Torna-se fácil perceber que, ao longo do tempo, o PDV preferirá adquirir seus produtos de um único fornecedor que lhe confere prêmios e outras vantagens.

5.6 A teoria dos jogos aplicada ao processo de fidelização

5.6.1 A fidelização como melhor estratégia

Propõe-se o uso da teoria dos jogos para explicar a posição do PDV ante o programa de fidelização que lhe é imposto. Sobre o tema, destaca-se:

> O direito frequentemente se defronta com situações em que há poucos tomadores de decisões e em que a ação ótima a ser executada por uma pessoa depende do que outro agente econômico escolher. Essas situações são como jogos, pois as pessoas precisam decidir por uma estratégia. Uma estratégia é um plano de ação que responde às reações de outras pessoas. A teoria dos jogos lida com qualquer situação em que a estratégia seja importante. (COOTER; ULLEN, 2010, p. 56)

No caso em tela, caracteriza-se como jogo o processo de conquista do PDV, de tal sorte que é possível especificar quem são os jogadores, quais as estratégias de cada jogador e os *payoffs*, ou ganhos e retornos de cada jogador para cada estratégia.

Propõe-se a aplicação do dilema dos prisioneiros, o qual é resumido pela seguinte situação, dois suspeitos são detidos pela política e levados ao interrogatório de forma separada. Como as provas são apenas circunstanciais, a condenação ficará restrita a um ano de prisão, mas se um confessar um crime mais grave e implicar o outro, a pena deste aumenta para sete anos, enquanto a pena do confessor será de apenas meio ano de prisão, todavia, se ambos confessarem, a pena de cada um ficará em cinco anos (COOTER; ULLEN, 2010, p. 57). Transpondo a questão para o caso do PDV e sua fidelização, imagine-se a seguinte situação:

a) O PDV fiel receberá geladeiras, *folders*, bonificações e prêmios, e comercializará apenas produtos das empresas líderes no setor de bebidas frias. Ele será denominado de suspeito 1. A conduta deste, portanto, é a fidelização.

b) O PDV infiel não receberá nenhum desses benefícios, e poderá comercializar, além dos produtos líderes, também os produtos regionais. Este será denominado de suspeito 2. A conduta deste, portanto, é a não fidelização.

Se adotada a forma de estratégia extensiva, então o quadro ficará assim (FIG. 2):

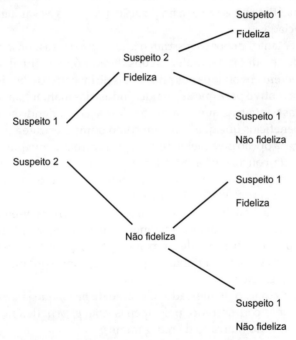

FIGURA 2 – Dilema dos prisioneiros

O problema é que o *suspeito 1* fidelizado possui um conjunto de ganhos substancialmente superior ao *suspeito 2*, que optou pela estratégia oposta à da fidelização. Para comparar, enquanto o primeiro terá em seu estabelecimento geladeiras e mostruários novos, poderá contar ainda com *folders* promocionais relacionados com o refrigerante líder que, por isso mesmo, é o mais procurado pelos consumidores; o segundo continuará com suas geladeiras desgastadas, mostruários antigos ou desatualizados visualmente, não terá *folders* para expor suas promoções e ainda não contará com preços diferenciados dos produtos do refrigerante líder. Associado a isso, a estratégia de fidelização também conta com a prática de preços diferenciados a partir de uma relação invertida de volumetria, assim, diminui-se a quantidade de produto e o preço aproxima-se daquele praticado pelos regionais, ocasionando a impressão para o consumidor de que marcas líderes baixaram seu preço.

Ora, ao longo do tempo o *suspeito 2*, que corresponde ao PDV não fidelizado, percebe que a melhor estratégia para ele combater o *suspeito 1*, que é seu concorrente no mesmo segmento, é aderir aos programas de incentivo desenvolvidos pelos grupos oligopolistas, passando a desfrutar dos mesmos benefícios que os demais revendedores. Assim, a estratégia ótima passa a ser a fidelização, por todas as vantagens que estão associadas.

No entanto, ambos os *suspeitos* não atentam para as consequências danosas de se adotar a estratégia considerada ótima, afinal, quando todos estiverem envolvidos nos programas de incentivos e bonificações não haverá motivo para que as grandes indústrias mantenham o fornecimento das vantagens que levaram à fidelização, podendo suspender todos os benefícios que qualificavam como ótima a estratégia.

Logo, a opção pela melhor estratégia acarretará invariavelmente a extinção da concorrência no setor de bebidas frias, especialmente refrigerantes, pois essa conduta uniformizada se amolda às hipóteses do art. 20 da Lei nº 8.884/1994 e acarreta:

a) Limitação à livre concorrência, pois cria barreira de entrada no mercado ou dificulta a permanência do concorrente regional no mercado, na medida em que a presença destes faz com que os PDVs percam pontos e, por conseguinte, prêmios, bonificações, etc.;

b) Dominação de mercado relevante de bens, que já é extremamente concentrado, pois apenas dois *players* detêm, juntos, 74,4% do mercado de refrigerantes;

c) Aumento arbitrário dos lucros, porque a ausência de concorrência decorrente da fidelização dos PDVs levará ao controle do mercado e permitirá o aumento abusivo dos preços;

d) Importa forma de abuso de posição dominante, porque os líderes de mercado já possuem participação efetiva muito elevada e detém os produtos com melhor percepção junto ao público consumidor final em razão das maciças campanhas de *marketing* associadas.

Em conclusão, sob a ótica da teoria dos jogos o fabricante oligopolista sempre terá a combinação *ganha-ganha*, porque o PDV que recebe os incentivos para fidelizar-se acaba ganhando vantagens competitivas em relação ao PDV que não recebe tais incentivos, e este, ao final de um determinado tempo perceberá que a melhor forma de competir com o outro PDV é também fidelizar-se para receber os mesmos incentivos e, assim, poder competir em igualdade de condições. Sob a ótica dos fabricantes regionais, porém, esse quadro é extremamente grave, porque a estratégia de fidelização é direcionada para os PDVs com até dez *check outs*, justamente aqueles que ainda conseguem distribuir seus produtos. Além disso, gera os efeitos acima referidos, caracterizando uma forma artificial de ganho de mercado sem levar em consideração a maior eficiência competitiva, mas sim o abuso do poder econômico dos grandes fabricantes.

5.7 Cooperação e compromisso sob a ótica da fidelização do PDV

Outra proposta de discussão refere-se ao sistema de cooperação e compromisso em que existem trocas simultâneas, às vezes instantâneas, associadas a promessas entre os jogadores. No caso do PDV, existe uma troca simultânea associada a uma promessa, que consiste no fato de o PDV não mais admitir em seu estabelecimento produtos regionais e, em troca, receber geladeiras, prêmios e bonificações por isso.

Existem basicamente duas possibilidades, a do jogo do agente e do principal sem contrato e com o contrato. No jogo do principal e do agente o primeiro jogador decide se irá colocar ou não um ativo valioso em mãos do segundo jogador (como um depositante num banco). Se o primeiro jogador coloca o ativo sob o controle do segundo, a decisão de cooperar ou apropriar-se recai sobre o segundo. No caso da cooperação, opera-se uma ação produtiva, pois as partes dividem o produto da cooperação, de modo a que ambas se beneficiam. Já a apropriação beneficiaria apenas o segundo jogador em detrimento do primeiro (COOTER; ULLEN, 2010, p. 209).

Transpondo-se, o primeiro jogador — fabricante oligopolista — assume a posição de promissário e oferece benefícios ao segundo jogador — o PDV —, que assume a posição de promitente. Tanto no curto quanto no médio prazo, as vantagens são para o PDV. De fato, o investimento é feito pelo fabricante de refrigerante que disponibiliza as geladeiras, estandes, *folders* promocionais e prêmios. Sendo assim, a cooperação exigida do PDV é muito pequena — ser fiel a um determinado fabricante — em comparação com os benefícios auferidos sem qualquer investimento, bastando apenas a cooperação com o sistema de fidelização.

Todavia, se pensada no longo prazo, as vantagens são todas para o fabricante dominante porque o ritmo de investimentos é decrescente, ao passo que as vantagens adquiridas são crescentes, notadamente porque deixará de existir competidor regional no PDV que passará a consumir exclusivamente produtos do fabricante dominante, tornando-se um dependente. De outro lado, os custos para o PDV deixar a fidelização são extremamente elevados, em especial porque envolve a devolução de estandes e geladeiras, o que importaria para ele um custo adicional para aquisição de novos estandes e geladeiras dissociadas das marcas que compõem o *mix* do fabricante dominante. Assim, somente resta ao PDV cooperar, deixando, contudo, de apropriar-se do investimento alheio.

Em contrapartida, o fabricante dominante passa a apropriar-se do investimento alheio feito pelo PDV, o qual é o agente de aproximação em relação ao seu objetivo principal, o consumidor final.

Portanto, os comportamentos de competição ou colaboração que podem ser identificados no âmbito concorrencial das bebidas frias podem ser explicados, inclusive no que se refere aos seus resultados no longo prazo, mediante a aplicação de algumas interessantes teorias econômicas.

Algumas das constatação trazidas a partir da análise da situação nacional podem ser cotejadas com a realidade de outros países.

5.8 Análise do direito comparado

Diante do processo de internacionalização da ação das empresas, especialmente num ramo de atuação que envolve concentração de mercado, torna-se relevante trazer algumas considerações de direito comparado sobre a disciplina da concorrência, especialmente na busca de elementos que permitam identificar a existência ou não de normas aplicáveis ao setor de bebidas frias.

5.8.1 A legislação norte-americana

Nos Estados Unidos, a legislação concorrencial está prevista, como comentado neste livro, no *Sherman Act* que se divide em três seções: a primeira delineia e proíbe os meios específicos de condutas anticompetitivas; a segunda diz respeito aos monopólios; enquanto a terceira seção apenas estende as disposições previstas na Seção 1 aos territórios dos EUA e ao Distrito da Colúmbia.

Conforme consta na Seção 2 do *Sherman Act*,[33] tanto a configuração do monopólio, quanto a tentativa de monopolização, ou até mesmo a conspiração, são consideradas infrações à legislação antitruste americana. Os dois elementos que caracterizam o monopólio são o poder de mercado e a aquisição (ou manutenção) proposital deste estado. Neste sentido, são as palavras de Areeda e Hovenkamp:

> [T]here is at least one kind of intent that the proscribed "specific intent'" clearly cannot include: the mere intention to prevail over one's rivals. To declare that intention unlawful would defeat the antitrust goal of encouraging competition on the merits, which is heavily motivated by such an intent.[34]

Ou seja, necessariamente, para a caracterização da infração, deve estar presente a intenção de destruir a concorrência por meio da formação do monopólio. Desta forma, a simples existência de monopólio não configura delito *per se*, pois não basta a mera intenção de prevalecer sobre os rivais, e sim, a intenção específica de criar um monopólio.

Quanto à legislação específica no setor de refrigerantes, a legislação americana possui o "Soft Drink Interbrand Act (15 USC §§3591-03)", o qual declara que:

> exclusive territorial arrangements made as a part of a licensing agreement for the manufacture, distribution, or sale of a trademarked

---

[33] Sherman Act session 2: "Every person who shall monopolize, or attempt to monopolize, or combine or conspire with any other person or persons, to monopolize any part of the trade or commerce among the several States, or with foreign nations, shall be deemed guilty of a felony [...]" (UNIVERSITY OF NORTH TEXAS (UNT). *General Over View of United States Antitruste Law*. Disponível em: <http://digital.library.unt.edu/ark:/67531/metacrs1446/>. Acesso em: 11 fev. 2011).

[34] FTC (Federal Trade Commission). *Spectrum Sports*, 506 U.S. at 459; *see also* 3B AREEDA & HOVENKAMP, *supra* note 2, 805b, at 407-08. Disponível em: <http://www.ftc.gov/os/sectiontwohearings/docs/section2overview.pdf>. Acesso em: 11 fev. 2011.

> soft drink product are lawful under the antitrust laws provided such product is in substantial and effective competition with other products for the same general class in the relevant market or markets. Declares that nothing in this Act shall be construed to legalize any unlawful means of price fixing agreements, horizontal restraints of trade, or group boycotts in any effort to enforce provisions of such Act.[35]

Assim sendo, o regime de exclusividade territorial, feito como parte de um acordo de licenciamento para a fabricação, distribuição ou venda de refrigerante de marca registrada é legal, conforme prevê a legislação antitruste, desde que o produto esteja em concorrência substancial e eficaz com outros produtos do mesmo mercado relevante.

Ademais, dispõe que o ato normativo não pode ser interpretado de modo a legalizar condutas ilegais, como os acordos de fixação de preços, as restrições horizontais de comércio, ou boicotes sob o fundamento de se fazer cumprir as disposições da referida Lei.

O sistema antitruste americano se volta preponderantemente à coibição de condutas que venham a comprometer a concorrência no setor, ainda que admita a possibilidade de cláusula de exclusividade. Vale dizer, o problema não está na cláusula em si, mas no resultado da conduta do fornecedor, ao exigir a exclusividade, se esta condição será suficiente ou coadjuvante a uma situação de dominação de mercado.

Comparando-se, o CADE já foi chamado a se manifestar sobre cláusulas de exclusividade existentes em contratos da AMBEV, especialmente em razão do Termo de Compromisso assinado por ocasião da aprovação da fusão ter previsto como regra o não estabelecimento da condição de exclusividade. Porém, o mesmo termo estabelecia a possibilidade de utilização de tal cláusula em hipóteses concretas, quais sejam: quando os investimentos e benfeitorias forem equivalentes à participação preponderante na formação dos ativos do ponto de venda, quando houver interesse do ponto de venda e a critério deste.[36]

O julgamento limitou-se a considerar a possibilidade teórica da cláusula, diferentemente da orientação norte-americana, a qual seria no sentido de aquilatar-se qual a relação entre a cláusula de exclusividade e a concentração de mercado detida pela empresa.

---

[35] LOC (Library of Congress – EUA). Bill Summary & Status 96th Congress (1979-1980) H.R. 3567 All information. Disponível em: <http://thomas.loc.gov/cgibin/bdquery/z?d096:HR03567:@@@L&summ2=m&>. Acesso em: 15 fev. 2011.

[36] CADE. Termo de compromisso de desempenho do ato de concentração nº 08012.005846/1999-12. Cláusulas 2.5 e 2.5.1. Disponível em: <http://www.cade.gov.br>. Acesso em: 25 abr. 2011.

5.8.2 O caso da Comissão Europeia

Em relação ao mercado de refrigerantes europeu, a Comissão Europeia, no ano de 2005, adotou a já mencionada decisão de compromisso, Acordo A.39.116/B2, com a The Coca-Cola Company, Bottling Holdings (a maior engarrafadora do Grupo Coca-Cola), Coca-Cola Rrfrischungsgetranke AG e Coca-Cola Hellenic Bottling Company SA (segunda maior engarrafadora do Grupo Coca-Cola), com vistas a incrementar a possibilidade de escolha dos consumidores em bares e lojas.[37]

A Comissão Europeia dividiu as práticas investigadas em dois mercados, quais sejam, o *"take-home channel"*, aquele em que a distribuição da bebida é destinada ao estabelecimento em que, em regra, o consumidor apenas adquire o produto, sem fazer o uso no momento da compra (como é o exemplo dos supermercados), e o *"on-premise channel"*, estabelecimentos em que a consumação do produto é feita no próprio local (por exemplo, bares, lanchonetes e restaurantes). Esta divisão foi realizada devido às diferenças de preço, de embalagens do produto e da técnica utilizada para a venda.

Em relação ao produto, este foi definido como sendo o mercado de *"Carbonated Soft Drink-CSD"*, ou seja, bebidas carbonadas, as quais possuem, na maioria das vezes, gosto adocicado e que são de grande consumo pelos jovens. O mercado geográfico foi definido como sendo o de âmbito nacional, tendo em vista a vasta extensão do consumo.

Quanto à dominância no mercado, as investigações apuraram que no ano de 2003 o Grupo Coca-Cola possuía uma participação superior a 40%, participação esta duas vezes maior em relação ao segundo competidor, nos seguintes países: Áustria, Bélgica, Dinamarca, Estônia, França, Alemanha, Grécia, Hungria (somente no mercado *take-home channel*), Itália, Lituânia (somente no mercado *take-home channel*), Letônia, Holanda, Noruega (somente no mercado *take-home channel*), Polônia (somente no mercado *take-home channel*), Espanha, Suiça e Inglaterra.

Apurou-se que este elevado índice de concentração do Grupo Coca-Cola é devido à existência de significativas barreiras à entrada, principalmente em decorrência dos custos irrecuperáveis (*sunk costs*).

As práticas investigadas consistiam, basicamente, em acordos de exclusividade praticados em todos os países membros da Comissão

---

[37] EUROPA. *Competition*: Commission Makes Commitments from Coca-Cola Legally Binding, Increasing Consumer Choice (2005). Disponível em: <http://europa.eu/rapid/pressReleasesAction.do?reference=IP/05/775>. Acesso em: 11 fev. 2011.

Europeia, na Islândia e Noruega. Tais acordos são realizados por meio de cláusulas de exclusividade nos contratos, verbalmente, ou de maneira tácita, entre o Grupo Coca-Cola e engarrafadoras/distribuidoras para que distribuam unicamente produtos do portfólio da Coca-Cola. A comissão concluiu que esta prática dissuade os demais competidores de entrarem no mercado e distribuírem seus produtos, o que afetaria principalmente o mercado *on-premise channel*, devido à elevada ramificação de lojas, bares, restaurantes, entre outros, e a distribuição em menor número em comparação ao mercado *take-home channel*.

Ademais, a Comissão Europeia verificou que o Grupo Coca-Cola concedia empréstimos/financiamentos, em que os clientes reembolsavam a "dívida" por meio da compra de produtos da Coca-Cola, ao longo de vários anos, o que também foi considerado como sendo uma barreira à entrada de outros competidores.

Outra infração à concorrência identificou-se no fato de o Grupo Coca-Cola disponibilizar aos intermediários, de forma gratuita, refrigeradores com a marca da Coca e máquinas de refrigerantes. Em contraprestação, os intermediários deveriam colocar à venda no refrigerador e nas máquinas de refrigerantes produtos unicamente do Grupo da Coca-Cola. Ou seja, os vendedores não poderiam utilizar os refrigeradores e as máquinas de refrigerantes para colocarem à venda produtos de outras marcas, que não fossem pertencentes à Coca-Cola. Verificou-se que tal conduta também consistia em barreira à entrada, pois dificilmente o vendedor, após ter à sua disposição, gratuitamente, um refrigerador, ou máquina de refrigerante da Coca-Cola, iria adquirir um outro refrigerador ou máquina de refrigerante. Desta forma, os produtos oferecidos seriam somente os do portfólio da Coca-Cola, o que restringe a oferta e o direito de escolha do consumidor final.

Ademais, a Coca-Cola possuía acordos de exclusividade em relação à quantidade e disposição de seus produtos nas prateleiras de supermercados e lojas, em troca de incentivos financeiros, o que também é prejudicial à concorrência. Esta prática induz o consumidor final a adquirir os produtos da marca da Coca-Cola e diminui a variedade de ofertas.

Além disso, a Comissão Europeia possuía fortes indícios de que as distribuidoras da Coca-Cola se recusavam a distribuir produtos aos intermediários que desejassem somente um produto do portfólio da Coca-Cola. Por exemplo, os distribuidores se recusavam a distribuir somente o refrigerante Fanta ao posto de venda. Para que ofertar o refrigerante Fanta, necessariamente, deveria adquirir demais produtos da marca Coca-Cola.

Diante destas práticas anticoncorrenciais, a Comissão Europeia firmou acordo com o Grupo Coca-Cola, no qual a Coca-Cola estaria proibida de continuar a realizar os acordos de exclusividade. Em relação aos refrigeradores de bebidas disponibilizados gratuitamente, ou aos alugados, ficou determinado que os consumidores intermediários teriam o direito de utilizar 20% da capacidade do refrigerador para a colocação de outros produtos que não fossem da marca da Coca-Cola. Já os refrigeradores que fossem comprados pelo consumidor intermediários poderiam ser utilizados livremente, sem a necessidade de delimitação de porcentagem para produtos da Coca-Cola e demais produtos.

Dentre as demais determinações, a Coca-Cola deveria apresentar, anualmente, um relatório das condutas da empresa para a verificação do comprimento do acordo. Esta decisão foi implementada no ano de 2005, tendo validade de 5 anos. Desta forma, o Acordo A. 39.116/B2 foi válido até o dia 31 de dezembro de 2010.

No Brasil, o CADE se manifestou sobre a abusividade de determinadas promoções ofertadas pela AMBEV, com o fito de fidelização dos varejistas e de redução da oferta de produtos da concorrência,[38] algumas hipóteses já comentadas neste capítulo. Foram consideradas abusivas as promoções realizadas pelo Programa de fidelização "Tô Contigo", o qual estabelecia certa pontuação a ser acumulada pelo ponto de venda em função do volume de garrafas de 600ml vendidas. Esta pontuação era posteriormente trocada por prêmios (ex.: refrigeradores, churrasqueiras, fogões, entre outros) e descontos. O CADE decidiu que esta conduta de exclusividade acarreta a elevação dos custos dos concorrentes, podendo, até mesmo, resultar na saída de um rival igualmente eficiente do sistema. Assim sendo, condenou a AMBEV ao pagamento de multa no valor de R$352.693.696,58.[39]

A decisão brasileira se assemelha à posição europeia, com a diferença desta última ir um passo além, ao definir a partilha na utilização do refrigerador dos varejistas.

---

[38] Em relação às infrações contra a ordem econômica no setor de bebidas frias, são exemplos de processos administrativos: 08012.003805/2004-10, 08012.002929/2003-05 e 08012.003805/2004-10.

[39] CADE. Processo administrativo nº 08012.003805/2004-10. Disponível em: <http://www.cade.gov.br>. Acesso em: 11 fev. 2011.

5.8.3 O Caso da Argentina

Sem disciplina específica, foi na Argentina que ocorreu uma das operações mais importantes envolvendo o setor de bebidas. A aquisição da Quinsa pela AMBEV, em que a autoridade antitruste argentina — *Comisión Nacional de Defensa de la Competencia* ("CNDC") — aprovou a operação com certas restrições, relacionadas a alienação de certas marcas e bens. A AMBEV é a maior produtora de cerveja da argentina, com cerca de 74,4% do mercado (relativo ao ano de 2009). Seu principal concorrente é o CCU, detentor de 21,9% do mercado.[40]

5.8.4 O mercado de bebidas frias na Bolívia

O mercado de cervejas boliviano é caracterizado fortemente pela influência de tendências macroeconômicas e políticas governamentais. A AMBEV é a maior produtora de cervejas, com aproximadamente 97% de domínio do mercado. Esta cota de participação no mercado de cervejas é muito próxima da quota da AMBEV no Paraguai e no Uruguai que é de aproximadamente 97,5%.[41]

5.8.5 O caso do México

No ano de 2000, no México, iniciaram-se investigações no setor de bebidas carbonadas, DE06-2000, devido à denúncia realizada pela Pepsi-Cola, e outras, de que a Coca-Cola estaria celebrando contratos de exclusividade com engarrafadoras e PDV, para que estes trabalhassem somente com os produtos da Coca-Cola, em troca de artigos para publicidade e demais incentivos, tais como descontos proporcionais ao número de vendas, refrigeradores, toldos, pintura do local, etc.

Estes contratos se firmavam de forma verbal e tinham duração de 1 a 2 anos. Como resultado das investigações, verificou-se que o Grupo Coca-Cola gastou, no ano de 1999, aproximadamente $634.8 milhões de pesos, com os incentivos em contraprestação da exclusividade. Ademais, a Global Research constatou que 83% dos estabelecimentos mantinham exclusividade com o Grupo da Coca-Cola.

---

[40] AMBEV (American Beverage Company). *Company Information*, p. 32. Disponível em: <http://google.brand.edgaronline.com/EFX_dll/EDGARpro.dll?FetchFilingHtmlSection1?S ectionID=749110-113571-188396&SessionID=0Mm3HHhot2q_t47>. Acesso em: 23 fev. 2011.

[41] AMBEV (American Beverage Company). *Company Information*, p. 32. Disponível em: <http://google.brand.edgaronline.com/EFX_dll/EDGARpro.dll?FetchFilingHtmlSection1?S ectionID=749110-113571-188396&SessionID=0Mm3HHhot2q_t47>. Acesso em: 23 fev. 2011.

O mercado geográfico foi definido como sendo o nacional e o mercado relevante foi definido como sendo o de bebidas carbonadas, incluindo refrescos, águas minerais carbonadas e bebidas carbonadas denominadas genericamente como "mezcladores". Verificou que a água mineral engarrafada, o leite, os sucos e as bebidas isotônicas não fazem parte deste mercado, por serem vinculadas a um conceito de saúde, o que não se verifica nas bebidas carbonadas. Já as bebidas alcoólicas se distinguem por possuírem ingredientes muito diversos.

As investigações apuraram que este mercado enfrenta altos custos devido aos acordos de exclusividade, assim como demais barreiras à entrada, como os altos investimentos com publicidade e as redes de distribuição do produto.

Devido aos acordos de exclusividade firmados entre a Coca-Cola e engarrafadores, distribuidores e consumidores intermediários, os quais atingiam fortemente a concorrência no mercado de bebidas carbonadas, a Coca-Cola foi multada em $10.530,000.00, o que equivale a 225,000 vezes o salário mínimo vigente à época no país.

Ressalta-se que em razão das significativas barreiras à entrada presentes neste setor, e do elevado índice de concentração econômica, no ano de 1998, o órgão de fiscalização concorrencial do México não autorizou a concentração entre a Coca-Cola e a marca de refrescos Cadbury Schweppes (CTN-166-98), tendo em vista que os efeitos da operação diminuiriam a livre concorrência, devido ao poder substancial que a Coca-Cola detém no mercado.

Logo, a concentração no mercado de bebidas frias instala-se em vários sistemas econômicos, o que denota a forte presença de barreiras à entrada de novos fornecedores no setor. No entanto, fora a disciplina dos refrigerantes nos EUA, não se tem notícia de que algum dos países mencionados possuam legislação específica voltada ao setor de bebidas frias.[42]

Referências

AMBEV (Companhia de Bebidas das Américas). *Company Information*. Disponível em: <http://google.brand.edgaronline.com/EFX_dll/EDGARpro.dll?FetchFilingHtmlSecti on1?SectionID=7497110-113571-188396&SessionID=0Mm3HHhot2q_t47>. Acesso em: 23 fev. 2011.

---

[42] A pesquisa foi realizada com base em dados disponíveis quanto aos seguintes países: Espanha, Bolívia, Itália, Argentina, Colômbia, Chile, México, Uruguai, Peru, Venezuela, Equador, Estados Unidos e Canadá.

ABINAM – ASSOCIAÇÃO BRASILEIRA DE INDÚSTRIAS DE ÁGUAS MINERAIS. *Dá água na boca*. Disponível em: <http://www.abinam.com.br/lermais_materias.php?cd_materias=73>. Acesso em: 19 abr. 2011.

AFREBRAS – ASSOCIAÇÃO DOS FABRICANTES DE BEBIDAS DO BRASIL. *Setor de refrigerantes*. Disponível em: <http://www.afrebras.org.br/refrigerante.php>. Acesso em: 11 fev. 2011.

ATO de Concentração nº 08012.000059/1999-11. Disponível em: <http://www.cade.gov. br>. Acesso em: 11 fev. 2011.

ATO de Concentração nº 08012.000097/2009-70. Disponível em: <http://www.cade.gov. br>. Acesso em: 11 fev. 2011.

ATO de Concentração nº 08012.000238/2009-54. Disponível em: <http://www.cade.gov. br>. Acesso em: 11 fev. 2011.

ATO de Concentração nº 08012.002172/2004-22. Disponível em: <http://www.cade.gov. br>. Acesso em: 11 fev. 2011.

ATO de Concentração nº 08012.003302/2007-97. Disponível em: <http://www.cade.gov. br>. Acesso em: 11 fev. 2011.

ATO de Concentração nº 08012.006520/2008-64. Disponível em: <http://www.cade.gov. br>. Acesso em: 11 fev. 2011.

ATO de Concentração nº 08012.006800/2008-72. Disponível em: <http://www.cade.gov. br>. Acesso em: 11 fev. 2011.

ATO de Concentração nº 08012.007727/2001-80. Disponível em: <http://www.cade.gov. br>. Acesso em: 11 fev. 2011.

AZEVEDO, Paulo Furquim de; SANTOS, Selma Regina Simões. *Concorrência no mercado de refrigerantes*: impactos das novas embalagens. Disponível em: <http://www.ufrgs.br/decon/virtuais/eco02003a/ok_03.pdf>. Acesso em: 11 fev. 2011.

BARBOSA, Francisco Vidal; CAMARGOS, Marcos Antônio de. Da fusão Antarctica/Brahma à fusão com a InterBrew: uma análise da trajetória econômico financeira e estratégica da AMBEV. *Revista de Gestão USP*, São Paulo, v. 12, n. 3, p. 47-63, jul./set. 2005.

CAMARGOS, M. A.; BARBOSA, F. V. AMBEV: fusão Antarctica/Brahma, uma necessidade estratégica e seus impactos. *In*: ENCONTRO ANUAL DA ASSOCIAÇÃO NACIONAL DE PÓS-GRADUAÇÃO EM ADMINISTRAÇÃO, 25., 2001, Campinas. *Anais*... Campinas: ANPAD, 2001.

CAMARGOS, Marcos Antônio de; BARBOSA, Francisco Vidal. Da fusão Antarctica/Brahma à fusão com a Interbrew: uma análise da trajetória econômico-financeira e estratégica da AMBEV. *Revista de Gestão USP*, São Paulo, v. 12, n. 3, p. 47-63, jul./set. 2005.

CHIAPETTA, Roger Vitor; MARCUSSO, Eduardo Fernandes. *A análise da expansão do setor de bebidas evidenciando o papel da produção de cerveja neste fenômeno a partir de um sistema de informações geográficas – SIG*. Disponível em: <http://ceapla.rc.unesp.br/semageo/index. php/ceapla/geotec/paper/viewPDFInterstitial/23/34>. Acesso em: 20 fev. 2011.

COCA-COLA. *Dia mundial de limpeza de rios e praias 2010*. Disponível no site oficial da Coca-Cola Brasil: <http://www.cocacolabrasil.com.br/release_detalhe. asp?release=235&categoria=35>. Acesso em: 06 abr. 2011.

COMPARATO, Fabio Konder. *Ensaios e pareceres de direito empresarial*. Rio de Janeiro: Forense, 1978.

CONSELHO ADMINISTRATIVO DE DEFESA ECONÔMICA – CADE. Parecer da Secretaria de Direito Econômico-SDE no Processo Administrativo nº 08012.003805/2004-10. Disponível em: <http://www.cade.gov.br>. Acesso em: 11 fev. 2011.

CONSENZA, José Paulo; LEÃO, Luciana Teixeira de Souza; ROSA, Sergio Eduardo Silveira de. *Panorama no setor de bebidas no Brasil*. BNDS Setorial, Rio de Janeiro, n. 23, p. 101-150, mar. 2006.

CPRM (Serviço Geológico do Brasil). *O mercado de água mineral brasileiro*. Disponível em: <http://www.cprm.gov.br/publique/cgi/cgilua.exe/sys/start.htm?infoid=1386&sid=46#m ercado>. Acesso em: 22 fev. 2011.

DEMONSTRAÇÕES contábeis da controladora – legislação societária: relatório de administração e as demonstrações financeiras padronizadas da AMBEV referentes ao exercício social de 2009, p. 3. Disponível em: <http://www.guiainvest.com.br/comunicado/arquivo/99998.pdf>. Acesso em: 23 fev. 2011.

DEMSETZ, Harold. Why Regulate Utilities?. University of Chicago. *Journal of Law and Economics*, v. 11, n. 1, Apr. 1968.

EUROPA. *Competition*: Commission Makes Commitments from Coca-Cola Legally Binding, Increasing Consumer Choice, 2005. Disponível em: <http://europa.eu/rapid/pressReleasesAction.do?reference=IP/05/775>. Acesso em: 11 fev. 2011.

FEDERAL TRADE COMMISSION (FTC). Spectrum Sports, 506 U.S. at 459; see also 3B AREEDA & HOVENKAMP, supra note 2, 805b, at 407–08. Disponível em: <www.ftc.gov/os/sectiontwohearings/docs/section2ºverview.pdf>. Acesso em: 11 fev. 2011.

INSTITUTO BRASILEIRO OPINIÃO PÚBLICA E ESTATÍSTICA – IBOPE. *Um brinde à propaganda*: setor de bebidas amplia em publicidade em 10% no quarto trimestre (2008). Disponível em: <http://www.ibope.com.br/calandraWeb/servlet/CalandraRedirect?tem p=5&proj=PortalIBOPE&pub=T&db=caldb&comp=Notícias&docid=35E06C3706A26286 832575990049249E>. Acesso em: 14 fev. 2011.

LOC (Library of Congress – EUA). Bill Summary & Status 96th Congress (1979-1980) H.R. 3567 All information. Disponível em: <http://thomas.loc.gov/cgi-bin/bdquery/z?d096:HR03567:@@@L&summ2=m&>. Acesso em: 15 fev. 2011.

MATTOS, Cesar (Coord.). *A revolução antitruste no Brasil 2*: a teoria econômica aplicada nos casos concretos. São Paulo: Singular, 2003.

MERCADO do NE terá mais uma cerveja. Disponível em: <http://www.clipex.com.br/noticias/n_mostra_noticia.php?c=00615&t=1&n=7355&v=Folha%20de%20Pernambuco>. Acesso em: 21 mar. 2011.

MOREIRA, E. B. Agências reguladoras independentes, poder econômico e sanções administrativas. *In*: GUERRA, Sérgio (Coord.). *Temas de direito regulatório*. Rio de Janeiro: Freitas Bastos, 2004.

NOSSAS marcas. Disponível em: <http://www.AMBEV.com.br/pt-br/nossas-marcas/cervejas?>. Acesso em: 11 fev. 2011.

O DEBATE, Projeto de lei pretende proibir a propaganda de cerveja. Disponível em: <http://www.odebate.com.br/index.php?option=com_content&task=view&id=16120&I temid=10>. Acesso em: 31 mar. 2011.

PEPSI anuncia sua garrafa PET "ecológica". Disponível em: <http://www.clipex.com. br/noticias/n_mostra_noticia.php?c=00615&t=1&n=7294&v=Valor%20Econ%F4mico>. Acesso em: 16 mar. 2011.

PEPSI e Coca-Cola disputam produção de garrafa 'verde'. Disponível em: <http://www. clipex.com.br/noticias/n_mostra.noticia.php?c=00615&t=1&n=7500&v=Associa%E7 %E3%20Brasileira%20de%20Supermercados>. Acesso em: 05 abr. 2011.

PEPSI tenta recuperar terreno perdido para Coca. Disponível em: <http://www.clipex.com. br/noticias/n_mostra_noticia.php?c=00615&t=1&n=7331&v=Valor%20Econ%F4mico>. Acesso em: 18 mar. 2011.

PROCESSO administrativo nº 08012.002929/2003-05. Disponível em: <www.cade.gov. br>. Acesso em: 11 fev. 2011.

PROCESSO administrativo nº 08012.003805/2004-10. Disponível em: <www.cade.gov. br>. Acesso em: 11 fev. 2011.

REAJUSTE de bebidas deve gerar impactos negativos para empresas e consumidores. Disponível em: <http://www.clipex.com.br/noticias/n_mostra_noticia.php?c=00615&t=1 &n=7468&v=Propaganda%20RS>. Acesso em: 19 abr. 2011.

SALOMÃO FILHO, Calixto. Função social do contrato: primeiras anotações. *Revista dos Tribunais*, São Paulo, ano 93, v. 823, p. 67-86, maio 2004.

SECRETARIA DE ACOMPANHAMENTO ECONÔMICO (SEAE). Parecer sobre Ato Concentração n. 08012.005846/99-12 (AMBEV). *Revista do Ibrac*, Instituto Brasileiro de Estudo das Relações de Concorrência e de Consumo, Doutrina Jurisprudência e Legislação, v. 7, n. 3, 2000.

SMITH, A. *Wealth of Nations*. Andrew Skinner (Ed.). Harmondswort, Penguin, 1976.

STIGLITZ, Joseph E.; WALSH, Carl E. *Introdução à microeconomia*. Rio de Janeiro: Campus, 2003.

TERMO de compromisso de desempenho do ato de concentração nº 08012.005846/1999-12. Cláusulas 2.5 e 2.5.1. Disponível em: <www.cade.gov.br>. Acesso em: 25 abr. 2011.

UNIVERSITY OF NORTH TEXAS (UNT). General Over View of United States Antitruste Law. Disponível em: <http://digital.library.unt.edu/ark:/67531/metacrs1446/>. Acesso em: 11 fev. 2011.

WILLIAMSON, O. E. *Economic Organization*: Firms, Markets and Policy Control. New York: Harvester Wheatsheaf, 1986.

Informação bibliográfica deste texto, conforme a NBR 6023:2002 da Associação Brasileira de Normas Técnicas (ABNT):

RIBEIRO, Marcia Carla Pereira *et al*. A concorrência no setor de bebidas frias. *In*: RIBEIRO, Marcia Carla Pereira; ROCHA JR., Weimar Freire da (Coord.). *Concorrência e tributação no setor de bebidas frias*. Belo Horizonte: Fórum, 2011. p. 133-184. ISBN 978-85-7700-513-0.

CAPÍTULO 6

CONTRIBUIÇÕES PARA UM NOVO SETOR DE BEBIDAS FRIAS

MARCIA CARLA PEREIRA RIBEIRO

MAURÍCIO VAZ LOBO BITTENCOURT

JAMES MARINS

OKSANDRO OSDIVAL GONÇALVES

6.1 Uma agenda de desenvolvimento das pequenas e médias fabricantes

Como visto, o maior desafio à sobrevivência e expansão da produção de bebidas no mercado brasileiro não decorre da força da demanda, mas de fatores vinculados à oferta e, em especial, à estrutura de mercado. O aumento da renda e o gosto diversificado do consumidor são fatores do lado do consumo que podem favorecer o pequeno e o médio negócio. O exercício do poder de escolha e a habilidade para agir a partir do resultado desta escolha compatibilizam-se com os primados da liberdade individual. No entanto, o ambiente institucional e os efeitos da concentração do mercado podem desviar desde a formação da vontade individual — sobretudo a partir do *marketing* — até a manifestação decorrente da escolha — decorrência das estratégias de comercialização do produto.

Um mercado crescentemente oligopolizado, aliado a um ambiente institucional e tributário que pouco diferencia os pequenos e os médios produtores dos grandes, torna as condições de competição via mercado favoráveis aos que titulam maior poder de mercado e de interferência nas instituições.

Neste ambiente, as estratégias competitivas dos grandes fabricantes procuram enfraquecer a capacidade de concorrência de produtores locais por diversos meios, que se complementam e culminam na tendência de maior concentração do setor.

Operam utilizando-se de propagandas "agressivas" no sentido da uniformização dos gostos ou preferências, com altíssimo custo em publicidade, controle dos canais de distribuição, de forma a dificultar o acesso aos mercados por parte dos demais competidores, assim como pela imposição de critérios de fidelidade nos pontos de venda e utilização de estratégias que colaboram para a guerra local de preços. O ambiente que tende à concentração acentua tal caráter por meio das frequentes operações de fusão e aquisição, o que transforma os grandes em verdadeiros gigantes dominantes do mercado.

Fazer frente às pressões assimétricas de mercado torna a competição isolada uma prática muito pouco eficiente. O desenvolvimento e fortalecimento de pequenos e médios fabricantes somente será possível mediante estratégias coletivas, as quais podem ocorrer em mais de um sentido. Reafirma-se, não há solução individual para os pequenos e médios fabricantes, os quais cedo ou tarde serão afetados pelas estratégias competitivas das grandes empresas. Somente a reivindicação organizada e a ação coletiva poderão atuar como contraponto à concentração predatória no setor de bebidas frias.

As ações coletivas podem ser voltadas ao fortalecimento mercadológico via associação ou agremiação representativa a qual pode e deve trabalhar institucionalmente para fortalecer a capacidade competitiva dos pequenos e médios fabricantes. Hoje, existem ferramentas que podem ser utilizadas em proveito da liberdade de escolha do consumidor, tanto no que se refere à manutenção da pluralidade de oferta quanto na forma de investimento em novas variações.

A ação de interlocução coletiva institucional, jurídica, de resultados notoriamente eficazes contra as práticas abusivas, apresenta-se como agente de defesa do pequeno e médio fabricante seja em face da autoridade administrativa, seja perante o Poder Judiciário.

Todavia, a ação coletiva não terá eficácia, ou ao menos sofrerá uma grave redução nesta, sem que exista uma ampla modificação na dimensão institucional do mercado, a partir do aperfeiçoamento do sistema regulatório, de forma a colaborar para a diminuição das assimetrias de poder econômico entre os *players* do mercado.

Sem dúvida que pensar-se na elaboração de um arcabouço regulatório é uma tarefa complexa cujos detalhes superam a abrangência deste manual, porém, as reflexões e os resultados aqui trazidos podem auxiliar no estabelecimento do conteúdo que se quer ver por regulado.

Aspectos que recomendam a ação regulatória extraem-se dos dados e informações que dão conta do ambiente de guerra de preços com práticas de *dumping*, preços predatórios, práticas abusivas de fidelização, concentração de mercado, regime tributário que merece ser aperfeiçoado de forma a corrigir as distorções que enfraquecem a competição no setor.

O exame detalhado da realidade do setor, a fixação de metas a serem alcançadas, a identificação dos desafios/entraves ao desenvolvimento esperado, somados à percepção dos fatores críticos ao sucesso, são indispensáveis à definição das soluções e futuras ações a serem empregadas e desenvolvidas de forma a garantir uma visão de futuro para o setor de bebidas frias. Uma ação eficiente é, por outro lado, indissociável da agregação dos agentes envolvidos.

Como em qualquer outro mercado relevante, não serão apenas as estratégias individuais, e nem mesmo o aprimoramento das instituições, suficientes de forma isolada, a garantir o pleno exercício do poder de escolha do consumidor.

Todo gestor atua de forma à identificar alternativas tecnológicas, busca mudanças nas estratégias de gestão empresarial, comercialização, *marketing* e recursos humanos; permanecendo aberto às estratégias voltadas às novidades na produção, nos canais de distribuição e na experiência de similares internacionais. A ação empresarial, no entanto, se esvazia se não estiver associada a políticas públicas, legislação e planejamento, na busca de um ambiente ideal para o fortalecimento setorial. Este ambiente ideal, por outro lado, promoveria a extensão dos efeitos do desenvolvimento econômico empresarial para a coletividade humana que de várias formas estará retirando benefícios da atividade econômica.

Os desafios a serem superados pelos setores econômicos de ampla tendência concentracionista condicionam-se à criação e ampliação de políticas públicas favoráveis a que as empresas possam superar as barreiras que decorrem da diferença de poder econômico entre agentes nacionais e internacionais; possam ver seus produtos incorporados às grandes redes de comercialização e distribuição. As políticas frias devem considerar a tendência de internacionalização dos mercados, operando de forma a compatibilizar normas nacionais e internacionais; devem aprimorar e otimizar os critérios de segurança sanitária; minimizar barreiras tarifárias e não tarifárias.

Em termos regulatórios, o aparato normativo não deve permitir que a burocracia impeça o aprimoramento dos mercados. A ação política deve ofertar um aparato de infraestrutura que melhore e diminua os custos de distribuição de produtos.

A capacidade de sobrevivência e ampliação de ação das empresas e sua aptidão à adaptação gerencial às novas necessidades do mercado dependem diretamente do aprimoramento institucional que pode ser agilizado por meio da implementação de políticas públicas.

As pesquisas trazidas a lume neste livro habilitam a que se apresente um quadro de propostas de ações voltadas ao setor de bebidas frias, de forma a, a partir do pensamento científico, levantamento de dados e análise da legislação, consolidar-se um roteiro que pode, caso venha a ser reconhecido em sua pertinência, auxiliar na árdua tarefa de aprimoramento do mercado e das instituições atrelados ao segmento das bebidas frias.

TABELA 1
Propostas de políticas públicas voltadas às empresas regionais do setor de bebidas frias

(continua)

Fatores críticos	Ações
Poder de mercado	• Fixação e utilização de critérios que preservem a viabilidade de empresas de pequeno e médio porte, especialmente nas hipóteses de intervenção do CADE em processos concentracionistas. • Incentivo à preservação das empresas que respondem a demandas locais e que são mais identificadas às populações regionais. • Criação de travas em relação ao financiamento político que desvirtue a representação dos interesses coletivos legítimos, especialmente aqueles das populações locais. • Adoção de parâmetros legais que estimulem a diversificação da oferta de produtos. • Realização de pesquisas, a serem utilizadas como parâmetro na fixação de políticas públicas, que apresentem dados de impacto das pequenas e médias empresas do setor para o desenvolvimento regional, envolvendo o número de postos de trabalho criados e a fixação das populações locais.

(continua)

Fatores críticos	Ações
Infraestrutura	• Aprimoramento do modal de transporte, com vistas à redução de custos. • Programas de oferta de serviços públicos relacionados à energia que reduzam os custos de produção das pequenas e médias empresas gerados de riqueza setorial. • Minimização da burocracia nas atividades estatais relacionadas à empresa produtiva.
Proteção do consumidor	• Fixação de marcos regulatórios que compatibilizem o direito de escolha do consumidor com comportamentos voltados à preservação da saúde e melhoria das condições de vida e saúde. • Estabelecimento de um ambiente institucional que permita ao fabricante ações voltadas ao aprimoramento dos padrões de qualidade para as bebidas produzidas. • Programas para adoção de parâmetros de exigências de qualidade e segurança alimentar. • Programas para o incremento do desenvolvimento de embalagens recicláveis, reutilizáveis, e biodegradáveis. • Programas para valorização de resíduos e subprodutos. • Promoção voltada ao desenvolvimento de novos produtos baseados no mercado consumidor plural e regional.
Formação de recursos humanos	• Investimento público na formação de quadros gerenciais e de produção que permita a fixação da empresa no mercado regional, preservando assim a oferta de postos de trabalho e fixação da mão de obra. • Promoção da cooperação interempresas na cadeia produtiva, inclusive mediante fortalecimento das associações que integrem todos os atores relacionados à produção e comercialização de bebidas frias. • Programas de incentivo à cooperação regional e nacional. • Programas voltados à cooperação com instituições de ensino e pesquisa, incentivando a atividade científica voltada ao desenvolvimento tecnológico sustentável. • Valorização da atividade empreendedora local e descentralizada que auxilie na diminuição da disparidade entre as grandes empresas e a ação local e regional dos pequenos e médios fabricantes.

(conclusão)

Fatores críticos	Ações
Políticas tributárias e financeiras	• Criação de linhas de financiamento para utilização de tecnologias limpas. • Modelagem de incentivos fiscais às empresas pequenas e médias com impacto econômico local. • Compatibilização da legislação ambiental brasileira aos padrões internacionais e às demandas locais. • Extinção de todo sistema protecionista em relação às grandes empresas estabelecidas que possam comprometer os níveis de concorrência e oferta de outros produtores. • Criação de linhas de financiamento para a substituição de equipamentos e para o desenvolvimento de estratégias de oferta de produtos saudáveis e atraentes ao mercado de consumo.

Com vistas ao destaque em relação a algumas das conclusões apresentadas na tabela acima apresentaremos alguns de seus desdobramentos.

6.2 Desenvolvimento regional e empresas

O crescimento econômico é caracterizado pelo aumento quantitativo na produção de bens e serviços, e pode ser medido pela simples variação positiva do Produto Interno Bruto (PIB). Já o desenvolvimento econômico considera fatores qualitativos, como a participação harmônica de todos os fatores de produção capaz de consolidar um processo de transformação social e garantia do bem-estar.

A concentração de mercado que ocorreu no setor de bebidas, principalmente após a década de 1990, não impediu, num primeiro momento, o crescimento do setor.

No entanto, essa mesma concentração que não impediu o crescimento do mercado, como um todo, pode não garantir o seu desenvolvimento. Segundo a AFREBRAS, no ano 2000 havia cerca de 850 fábricas, a maioria de pequeno e médio portes, hoje esse número está reduzido a 238.

A produção quando realizada em um ambiente competitivo gera benefícios privados e sociais. Privados quando se considera o lucro do empresário que investe seu capital e obtém ganhos a partir desse investimento. Sociais devido ao fato de no ambiente concorrencial a tendência ser de oferta do melhor produto pelo menor preço, dando-se opção para o consumidor escolher o produto que deseja consumir.

Quando não existe a concorrência, normalmente os benefícios são apenas privados, não se convertendo em melhorias para a sociedade.

No que tange ao setor de bebidas, para que o processo de concentração seja estancado e não comprometa ainda mais o desenvolvimento econômico do setor, algumas medidas tornam-se desejáveis, como enfocado no item anterior.

Adota-se, com maior ênfase, tema referenciado no tópico anterior, a necessidade de se ter por meta o fortalecimento das ações associativistas pelos pequenos e médios empresários do setor, ou seja, ampliar e estimular ações coletivas a partir de uma ação organizada de seus membros. Desta forma, podem ser implementadas ações que intervenham no ambiente institucional e busquem ganhos de eficiência no ambiente competitivo, tendo em vista as falhas do mercado.

O estabelecimento de instituições sólidas pode garantir que as regras sejam iguais para todos os jogadores independente do tamanho ou poder econômico das empresas.

Acredita-se na relação entre a manutenção das pequenas e médias empresas do setor de bebidas frias e o desenvolvimento regional das áreas nas quais atuam porque possibilitam, como demonstrado nesta obra, uma importante alocação de trabalhadores, direta e indiretamente relacionados com a sua produção com a consequente geração de renda, além de propiciarem ao mercado de consumo um maior contingente de escolha.

Outra estratégia não menos importante para o futuro do setor pode ser identificada ao desenvolvimento de esforços para que as lideranças políticas das regiões nas quais as empresas atuam exerçam seus mandatos de forma a contribuírem para a melhoria do arcabouço regulatório e diminuição dos entraves que podem comprometer a sobrevivência e aperfeiçoamento de suas ações econômicas. Uma alternativa nesse sentido seria a proposição, junto ao Ministério do Desenvolvimento, Indústria e Comércio Exterior a criação de uma câmara setorial do setor de bebidas, que seria um fórum tripartite, ou seja, contaria com a participação de empresários, governo e funcionários das empresas, em que pudessem ser discutidos os temas pertinentes do setor buscando uma solução conjunta para o problema.

6.3 Justiça Tributária

Se no passado a criação da Zona Franca de Manaus justificava-se para permitir a ocupação territorial, e o incentivo ao desenvolvimento da região amazônica, nos dias atuais a ausência de uma ampla revisão dos benefícios fiscais concedidos tem contribuído para gerar uma importante distorção na concorrência porque, a partir dos créditos gerados e sua transferência, é afetada a competitividade com reflexos diretos sobre o preço, elemento de grande sensibilidade para a concorrência neste setor.

Como proposta para o desenvolvimento do setor de refrigerantes propõe-se a criação de uma política pública especial para incentivar as pequenas e médias empresas do setor de refrigerantes, que empregam grandes massas de trabalhadores.

Essa política envolveria, inicialmente, mecanismos fiscais que garantam às pequenas e médias empresas tornarem-se, de forma efetiva, agentes aptos a enfrentar os demais concorrentes, numa forma de manter potencialmente efetiva a livre concorrência no setor, com benefícios evidentes ao consumidor final, como já indicado.

Se não for possível a revisão do sistema instituído na ZFM, de outro lado é possível buscar a neutralidade tributária a partir da concessão de benefícios àqueles fabricantes que não podem utilizar do mesmo expediente de planejamento tributário, seja pelos custos envolvidos, seja pela falta de escala necessária para a adoção do mesmo regime.

Nesse contexto, a previsão constitucional do art. 146-A permite a atuação do Estado no sentido de estabelecer critérios especiais de tributação que tenham por objetivo prevenir desequilíbrios no âmbito da concorrência. A norma constitucional se apresenta para plena incidência sob dois aspectos: o primeiro, a partir da concepção de que a ZFM cria distorções concorrenciais verticalizadas que reverberam por toda cadeia produtiva, atingindo os fabricantes regionais; o segundo, a partir da concepção de que a tributação é neutra e, por isso, através de leis incentivadoras é possível neutralizar os efeitos e impactos da concessão de créditos na ZFM, impedindo a sua verticalização.

Essas conclusões demandam uma compreensão das interfaces envolvidas, e da ponderação dos direitos em conflito, em especial, que o desenvolvimento regional de uma determinada região não pode ser feita à custa do desenvolvimento de outra.

O exame crítico dos regimes tributários geral e especial para o setor de bebidas frias evidencia a existência de numerosas distorções, tanto de natureza econômica como de raiz conceitual, além das consequência decorrentes da ZFM.

No regime geral, destacam-se a desproporcional aplicação de alíquotas condensadas por monofasia na incidência de PIS/PASEP e Cofins, e de alíquotas majoradas de PIS/PASEP-Importação e Cofins-Importação. Também o regime de substituição tributária "para frente" no ICMS e as elevadas alíquotas aplicáveis para o IPI contribuem para compor uma das mais altas cargas tributárias incidentes sobre atividade produtiva em nosso país, desafiando sua suportabilidade econômica. Este sobrepeso setorial tributário precisa ser corrigido.

Por essas e outras razões o regime especial (REFRI), embora juridicamente opcional, torna-se de adesão obrigatória em termos econômicos, tamanha a carga tributária acumulada no regime geral. Infelizmente, a opção também não é boa.

Sucessiva e frequentemente modificados, ambos os regimes se encontram corporificados num emaranhado legislativo composto por 116 dispositivos (incluindo *caput*, incisos e parágrafos), distribuídos entre o art. 58-A e o 58-V da Lei nº 10.833/03. Curioso "alfabeto fiscal" de redação por vezes confusa e obscura, em cujo bojo se alojam graves distorções e arbitrariedades que carecem de fundamento constitucional — como a equiparação do atacadista à industrial ou o impedimento de livre acesso ao judiciário (ao prever a draconiana exclusão do REFRI para os contribuintes que promovam a discussão judicial de suas normas).

A isso se agrega a transferência para os contribuintes do custo da alta tecnologia de fiscalização tributária, desenvolvida especialmente para esse setor fabril — os "contadores de produção" que substituíram os conhecidos "medidores de vazão" — remunerados pelos próprios contribuintes através do impropriamente denominado "ressarcimento à Casa da Moeda". Autêntica taxa de natureza tributária (Taxa SICOBE), cuja neutralização — pelo creditamento — os pequenos fabricantes não conseguem nunca alcançar, pois a legislação usou do artifício retórico de denominar de "presumido" o crédito que é real.

Não bastasse a gravidade do quadro, desde o final de 2008, os fabricantes de bebidas frias de menor capacidade contributiva estão impedidos de aderir ao SIMPLES Nacional. Proibição inconstitucional — que penaliza justamente os micro e pequenos empresários — que precisa ser revista.

E, justamente, todo este rol de problemas tributários ocorre em setor marcado pela alta concentração de mercado, por práticas não competitivas e outras mazelas estruturais. Como resultado, esse segmento econômico experimentou a acentuada redução de participantes nos últimos 10 anos.

Em situações como essas, de comprovada desidratação de esforço produtivo, a intervenção do Estado na atividade econômica deve se dar de modo a fomentar a recuperação do segmento em crise. Uma das mais eficazes formas de intervenção é justamente a tributária, por meio da adoção de estímulos fiscais que assegurem a preservação setorial através da justiça tributária, induzindo o crescimento.

Não é, no entanto, o que sucede no Brasil, onde a vulnerabilidade tributária do ramo de fabricação de bebidas frias está evidenciada e ocorre, sobretudo, porque técnicas de suposta eficácia arrecadatória prevalecem sobre o interesse maior da realização da justiça fiscal.

A criação de regime tributário justo para o setor, que considere isonomicamente as diferenças de capacidades contributivas entre micro, pequenas, médias empresas e os grandes grupos concentradores de mercado, se afigura não apenas como injunção jurídico-constitucional, mas um imperativo ético e socioeconômico para a preservação da atividade produtiva.

6.4 Intervenção na economia: forçando a colaboração

Foi abordada neste livro a perspectiva de que os mercados possam se desenvolver, submetidos às instituições e ao potencial dos empreendedores. Em princípio, há de se permitir aos mercados que se desenvolvam a partir de suas próprias potencialidades, garantindo que a fixação dos preços seja feita com justiça e rentabilidade, que a qualidade da oferta satisfaça os desejos dos consumidores finais. Nada mais do que o jogo econômico.

Porém, quando a disparidade de poder econômico se faz acompanhar também de uma disparidade de força política, as instituições que deveriam ser neutras (as "regras do jogo") as vezes se portam como chanceladoras da prevalência da ação dos mais ricos ou mais organizados, não de uma forma a premiar a excelência — seja ela individual ou social —, mas como parte de um processo excludente e que não socializa riquezas.

O exemplo do processo de fidelização de um ponto de venda é hábil a demonstrar o abuso do poder econômico dos oligopolistas, seja na experiência nacional, seja naquela internacional. O sistema de pontuação que privilegia a exposição e a venda de produtos líderes em detrimento de produtos regionais, conferindo, ao longo de períodos de até um ano, conjuntos de prêmios e benefícios que não podem ser provisionados pelos fabricantes de menor envergadura econômica, são destrutíveis no médio prazo.

A partir da estratégia, no médio e no longo prazo, a fidelização gera os efeitos previstos com vistas à coibição na Lei nº 8.884/1994, especialmente no que se refere à limitação da livre concorrência, por criar barreiras à entrada no mercado de refrigerantes ou, ainda, dificuldade para a permanência dos concorrentes regionais, na medida em que a presença destes faz com que o PDV perca pontos e, por conseguinte, prêmios e bonificações. Gera, também, dominação de mercado relevante de bens, que já é extremamente concentrado, visto que apenas dois *players* detêm, juntos, grande parte do mercado de refrigerantes. Ao longo desse processo, há o aumento arbitrário dos lucros, porque a ausência de concorrência levará ao aumento do preço ante a desnecessidade da manutenção do sistema depois que os PDVs estiverem todos fidelizados. Finalmente, caracteriza abuso de posição dominante, porque os líderes de mercado já possuem participação efetiva muito elevada, bem como os produtos com melhor percepção junto ao público consumidor final em razão das maciças campanhas de *marketing* associadas.

Sob o enfoque da análise econômica do direito, o sistema de fidelização não gera ganhos expressivos para o PDV, porque a troca de geladeiras próprias pelas de uso exclusivo das marcas líderes, além da disponibilização de estandes e o patrocínio de encartes promocionais representam um custo inferior aos ganhos dos fabricantes oligopolistas. Além disso, à medida que o mercado se tornar extremamente concentrado, reduzirá a necessidade da manutenção do programa de incentivos, permanecendo, contudo, a fidelização dos PDVs, visto que os demais concorrentes poderão ser completamente excluídos do mercado.

Por outro lado, percebe-se que esses mecanismos da fidelização compreendem o fornecimento de subsídios que elevam artificialmente a eficiência econômica dos próprios PDVs participantes, o que aumenta consideravelmente o poder de disseminação das práticas anticompetitivas em todos os canais de distribuição. Afinal, após a adesão dos primeiros PDVs, todos os demais serão compelidos a adotar a mesma estratégia para obter incentivos relacionados à manutenção e revitalização de seus estabelecimentos.

A conduta em questão afeta, por conseguinte, o desenvolvimento regional, pois impede a entrada de novos agentes econômicos no mercado e acarreta a saída daqueles que já se encontram presentes, uma vez que o investimento necessário à reposição da perda de *marketing* e propaganda decorrente dos programas de fidelização não podem ser suportados pelos fabricantes regionais.

Perdem, com isso, as comunidades regionais, os consumidores e o País, que não terá concorrência efetiva no setor de bebidas frias.

Neste quadro, não há como se imaginar que a colaboração possa caracterizar a ação dos agentes que compõem um mesmo mercado. Ao contrário, a tendência é de sectarização com a exclusão de jogadores e barreiras à entrada de novos empreendedores, de forma artificial e lesiva à diversidade no consumo.

Quando a correção provavelmente não se dá por mecanismos internos, são as instituições formais que passam a ocupar um papel de destaque em qualquer processo de mudança. Mas como se mudam as leis?

Muitas das ações descritas neste livro indicam caminhos que podem auxiliar no aperfeiçoamento das empresas que compõem o segmento analisado — e todo empresário deve estar atento a elas. Mas, para além das ações individuais, as mudanças institucionais podem se processar de forma mais rápida e bastante eficiente, se a ação concertada dos agentes puder preparar o caminho para que decisões sejam tomadas no sentido de aperfeiçoamento do ambiente concorrencial no setor de bebidas frias.

Isto significa planejamento, investimento em campanhas de formação da opinião pública, proximidade com as representações locais, tomada de consciência da importância da pequena e médias empresas, seja em nome da diversidade de oferta, seja pela economia que fazem girar.

Se as instituições puderem favorecer a correção das distorções todos sairão ganhando, e, uma forma de se proceder às correções é determinando por Lei condutas ou restringindo, também pela Lei, procedimentos prejudiciais ao fortalecimento da economia local.

O equilíbrio e a colaboração que não se instalam naturalmente, mas que são almejados como fonte de expansão das riquezas, se não brotam diretamente da natureza humana (e, sim, o homem não é naturalmente generoso, em sua generalidade) podem ser conduzidos ou provocados pelo instrumento disponível às sociedades organizadas, e que pode ser sintetizado na temida palavra: regulação.

Informação bibliográfica deste texto, conforme a NBR 6023:2002 da Associação Brasileira de Normas Técnicas (ABNT):

RIBEIRO, Marcia Carla Pereira *et al.* Contribuições para um novo setor de bebidas frias. *In*: RIBEIRO, Marcia Carla Pereira; ROCHA JR., Weimar Freire da (Coord.). *Concorrência e tributação no setor de bebidas frias*. Belo Horizonte: Fórum, 2011. p. 185-196. ISBN 978-85-7700-513-0.

SOBRE OS AUTORES

Carlos Alberto Gonçalves Junior
Graduado em Ciências Econômicas pela Universidade Estadual de Maringá. Especialista em Estatística Aplicada pela Universidade Estadual de Maringá. Mestre em Desenvolvimento Regional e Agronegócio pela Universidade Estadual do Oeste do Paraná. Professor Assistente do Curso de Economia da Universidade Estadual do Oeste do Paraná (UNIOESTE).

Carlos Eduardo Pereira Dutra
Pesquisador do Instituto Brasileiro de Procedimento e Processo Tributário. Advogado.

James Marins
Professor Titular de Direito Tributário da PUCPR. Doutor pela PUC-SP. Pós-doutor em Direito do Estado pela Universidade de Barcelona/ES. Presidente do Instituto Brasileiro de Procedimento e Processo Tributário. Advogado.

João Basílio Pereima Neto
Professor Assistente da UFPR. Doutorando em Desenvolvimento pela UFPR. Mestre em Desenvolvimento Econômico pela UFPR. MBA em Estratégia e Gestão Empresarial (CEPPAD/UFPR).

João Leonardo Vieira
Advogado graduado pela PUCPR. Pesquisador.

Marcia Carla Pereira Ribeiro
Professora e Coordenadora do Mestrado e Doutorado em Direito Econômico e Socioambiental da PUCPR. Professora de Mestrado e Doutorado em Direito das Relações Sociais da UFPR. Graduada, mestre e doutora pela UFPR. Professora titular da PUCPR e adjunta da UFPR. Procuradora do Estado. Ex-Procuradora Geral do Estado do Paraná. Professora visitante em estágio de pós-doutoramento na Escola de Direito de São Paulo da Fundação Getulio Vargas e pesquisadora convidada da Université de Montréal. Presidente da ADEPAR (Associação Paranaense de Direito e Economia) e ABDE (Associação Brasileira de Direito e Economia). Advogada.

Maria Luiza Bello Deud

Professora do Curso de Especialização em Direito e Processo Tributário Empresarial da PUCPR. Pesquisadora do Instituto Brasileiro de Procedimento e Processo Tributário. Mestranda em Direito Econômico e Socioambiental da PUCPR. Advogada.

Maurício Vaz Logo Bittencourt

Professor e Diretor do Mestrado e Doutorado em Desenvolvimento Econômico do Curso de Economia da UFPR. Graduado em Agronomia pela Universidade Federal do Paraná. Mestre em Economia Agrária pela Escola Superior de Agricultura Luiz de Queiroz. Mestre em Economia pela The Ohio State University. Doutor em Desenvolvimento Econômico e Comércio Internacional pela The Ohio State University.

Oksandro Osdival Gonçalves

Doutor em Direito Comercial pela PUC-SP. Mestre em Direito Econômico e Socioambiental pela PUCPR. Professor dos cursos de graduação e pós-graduação da PUCPR. Advogado.

Renata de Carvalho Kobus

Graduanda em Direito pela PUCPR. Pesquisadora do CNPq (PIBIC).

Weimar Freire da Rocha Jr.

Professor de Mestrado e Doutorado em Desenvolvimento Regional da UNIOESTE. Graduado em Agronomia pela Universidade Federal de Lavras. Mestre em Economia Agrária (Economia Aplicada) pela Universidade de São Paulo. Doutor em Engenharia de Produção pela Universidade Federal de Santa Catarina. Bolsista de Produtividade.

Esta obra foi composta em fonte Palatino Linotype, corpo 10
e impressa em papel Offset 75g (miolo) e Supremo 250g (capa)
pela Gráfica e Editora O Lutador.
Belo Horizonte/MG, outubro de 2011.